PANORAMA

Deutsch als Fremdsprache

Andrea Finster
Dagmar Giersberg
Friederike Jin
Steve Williams

A 2.2

Cornelsen

Vorwort

Liebe Deutschlernende, liebe Deutschlehrende,

das Lehrwerk PANORAMA richtet sich an erwachsene Lernende ohne Vorkenntnisse, die im In- und Ausland Deutsch lernen. Der Name ist Programm: PANORAMA öffnet inhaltlich wie medial den Blick für die deutsche Sprache und die Kultur der deutschsprachigen Länder. Es führt in drei Gesamt- bzw. in sechs Teilbänden zu den Niveaustufen A1, A2 und B1 des Gemeinsamen europäischen Referenzrahmens.

Das Kursbuch

umfasst 16 abwechslungsreiche, klar strukturierte Einheiten mit jeweils sechs Seiten:

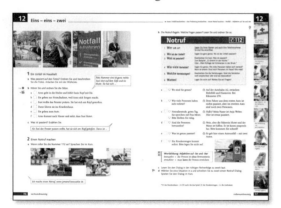

Die ersten vier Seiten vermitteln kleinschrittig neue Redemittel und Strukturen anhand von authentischen Dialogen, Lese- und Hörtexten. Die **Lerninhalte in der Kopfzeile** ermöglichen eine schnelle Orientierung.

In einem integrierten Ansatz werden alle Fertigkeiten geübt, wobei die Förderung des Hörsehverstehens eine wichtige Rolle spielt. Die wichtigsten Dialoge sind nicht nur als Audio-Dateien, sondern auch als Videoclips verfügbar. So ist die **Videoarbeit** in die Lehrwerksprogression **integriert**.

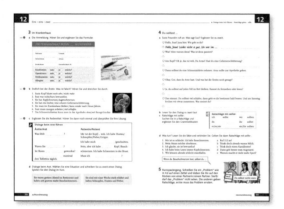

Interaktionsorientierte Aufgaben und Übungen sprechen unterschiedliche Lernertypen an und erhöhen die Chance auf schnelle und erlebbare Lernerfolge. Regelmäßige **Textarbeit** fördert das Verständnis und die Produktion von Texten. Nach der Bewusstmachung neuer Strukturen folgen gelenkte Übungs- und Automatisierungsphasen, die in **authentisches Sprachhandeln** münden. Die **Zielaufgaben** fassen eine Sequenz zusammen und trainieren realitätsnah die neu erworbenen Sprachkompetenzen.

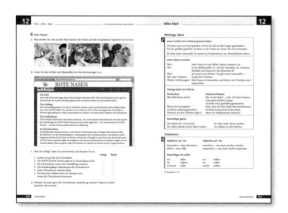

Der Wortschatz wird systematisch vermittelt, ein Schwerpunkt liegt dabei auf den Wortverbindungen. Die neuen Wortfelder werden in Form eines **Bildlexikons** präsentiert. Die wichtigsten **Redemittel** werden **in übersichtlichen Kästen** zusammengefasst.

Die fünfte Seite bietet authentische **Lesetexte**, die Einblicke in die deutschsprachige Lebenswelt ermöglichen und zum interkulturellen Vergleich anregen.

Die letzte Seite fasst die wichtigsten Redemittel und Strukturen übersichtlich zusammen.

Nach jeweils zwei Einheiten folgen eine Deutsch-aktiv-Doppelseite und eine Panorama-Doppelseite.

Die **Deutsch-aktiv-Doppelseiten** dienen der Wiederholung von Wortschatz, Redemitteln und Strukturen im Kurs. Anhand von spielerischen Automatisierungs- und kooperativen Aufgaben mit Wettkampfcharakter wird das Gelernte gefestigt.

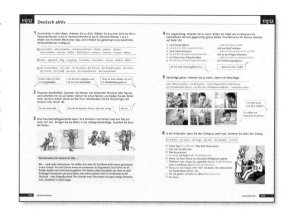

Großzügig bebilderte **Panorama-Seiten** bieten weitere Sprechanlässe und transportieren Ausschnitte aus dem Alltag der deutschsprachigen Länder unmittelbar in den Unterricht. Die Wortfelder der vorangehenden Einheiten werden angewendet und erweitert sowie wichtige Redemittel zur Bildbeschreibung eingeführt und geübt. Kleine Schreibprojekte trainieren den schriftlichen Ausdruck.

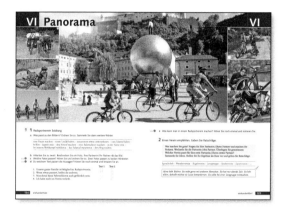

Augmented-Reality-Materialien

PANORAMA bietet eine neue Dimension des individuellen Lernens. Die zusätzlichen Materialien können zu Hause, unterwegs oder auch im Kurs mit dem Smartphone oder dem Tablet direkt aus dem Buch heraus angesehen und gehört werden.

Und so können Sie die Materialien abspielen:

1. Scannen Sie den QR-Code und laden Sie die kostenlose App **PagePlayer** herunter. Sie können die Inhalte zu PANORAMA auf Ihrem Smartphone oder Tablet speichern und jederzeit direkt aus dem Buch aufrufen.

2. Scannen Sie mit Ihrem Smartphone oder Tablet die ausgewählte Buchseite mit dem Icon ⊚. Das Material wird angezeigt und Sie können es direkt starten.

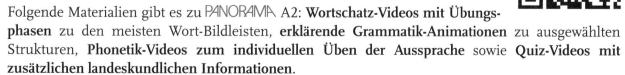

Folgende Materialien gibt es zu PANORAMA A2: **Wortschatz-Videos mit Übungsphasen** zu den meisten Wort-Bildleisten, **erklärende Grammatik-Animationen** zu ausgewählten Strukturen, **Phonetik-Videos zum individuellen Üben der Aussprache** sowie **Quiz-Videos mit zusätzlichen landeskundlichen Informationen**.

Unter **www.cornelsen.de/panorama** finden Sie die Hörtexte zu den Kurs- und Übungsbüchern und weitere zusätzliche Materialien wie Lesetexte, didaktische Hilfen und interaktive Übungen.

Wir wünschen Ihnen viel Spaß und Erfolg beim Lernen und Lehren mit PANORAMA!

Inhalt

Teilband A2.1

5 Alltag oder Wahnsinn?

Sprachhandlungen: über Medien im Alltag sprechen; den Alltag beschreiben; sagen, dass man etwas nicht gut findet; etwas bewerten; einen Werbetext verstehen

Themen und Texte: Apps im Alltag; Alltag; Wellness; Zeitungsartikel; Werbung; E-Mail; Homepage eines Hostels; Blog

Wortfelder: Alltagsaktivitäten

Grammatik: Präpositionen *ab*, *bis* und *zwischen* (Zeit); reflexive Verben
Phonetik: Wiederholung *ch*

Deutsch aktiv 5|6
Panorama: In Bern

6 Die schwarzen oder die bunten Stühle?

Sprachhandlungen: über Möbel sprechen; Einkaufsdialoge führen; etwas telefonisch bestellen; etwas telefonisch reklamieren; einen Reklamationsschein ausfüllen

Themen und Texte: Wohnungseinrichtung; Upcycling; Einkaufsdialoge; Online-Katalog; Liefer- und Reklamationsschein; Interview

Wortfelder: Bestellung; Reklamation

Grammatik: Adjektive nach definitem Artikel; Präposition *aus* (Material)
Phonetik: Endungen hören

7 Wohin kommt das Sofa?

Sprachhandlungen: über die Lage von Orten sprechen; über die Wohnsituation sprechen; Wohnungsanzeigen verstehen; einen Besichtigungstermin vereinbaren; erklären, wohin etwas kommt; Kleinanzeigen verstehen und schreiben

Themen und Texte: Stadtplan; Wohnungssuche; Umzug; Blog; Wohnungsanzeigen; Kleinanzeigen

Wortfelder: Wohnungssuche

Grammatik: Wechselpräpositionen
Phonetik: *qu*

Deutsch aktiv 7|8
Panorama: Frankfurt oder Büdingen?

8 Lebenslinien

Sprachhandlungen: über seine Schulzeit und Kindheit erzählen; Erstaunen ausdrücken; über Biografien und Ausbildung sprechen; einen Text über eine bekannte Person schreiben

Themen und Texte: Kindheit; Schule; Ausbildung; Boulevard der Stars; Zeitungsartikel

Wortfelder: Schule; Ausbildung

Grammatik: Modalverben im Präteritum; Wortbildung: Nomen auf -*heit*, -*keit* und -*ung*
Phonetik: Wiederholung *i – ü* und *e – ö*

Inhalt

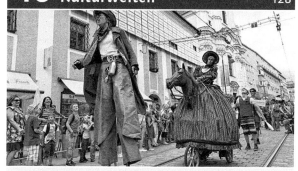

Büroalltag – ein Selbsttest

Ihre Kollegen sind unfreundlich und Ihr Chef versteht Sie nicht? Probleme im Büro kennen alle Menschen, aber wie verhält man sich richtig? Machen Sie unser Job-Quiz. Was machen Sie in den Situationen? Kreuzen Sie an.

Situation 1: Ihr Computer macht seit einigen Tagen Probleme. Jetzt ist er komplett abgestürzt. Der IT-Support hat heute keine Zeit und kann Ihnen erst morgen helfen. Sie müssen aber in zwei Stunden eine wichtige Arbeit fertig machen.

Ⓐ Sie gehen nach Hause, weil Sie die Arbeit nicht mehr schaffen können.

Ⓑ Sie fragen eine Kollegin und hoffen, dass Sie an ihrem Computer arbeiten dürfen.

Ⓒ Sie rufen eine IT-Expertin (= Ihre gute Freundin) an.

Situation 2: In einem Gespräch sagt Ihnen ein Kunde, dass er mit Ihrem Kollegen nicht zufrieden ist. Er beantwortet E-Mails nur sehr langsam und hat oft keine aktuellen Informationen. Außerdem ist er oft unfreundlich.

Ⓐ Sie sagen nichts. Das macht nur Probleme.

Ⓑ Sie erzählen Ihrem Kollegen von dem Gespräch.

Ⓒ Das haben Sie sich schon immer gedacht: Der Kollege ist faul. Sie erzählen es dem Chef.

Situation 3: Sie sind neu in der Firma. Ihr Büro liegt im sechsten Stock, Sie können mit dem Aufzug* fahren oder die Treppe nehmen. Im Aufzug treffen Sie oft Kollegen. Sie kennen ihre Namen nicht und die Situation ist Ihnen peinlich.

Ⓐ Sie warten und hoffen, dass jemand von den Kollegen Sie anspricht.

Ⓑ Sie grüßen freundlich und sprechen über das Wetter.

Ⓒ Sie nehmen lieber die Treppe.

Haben Sie dreimal A angekreuzt? Sie sind zu vorsichtig. Sie können selbst aktiv werden.
Haben Sie dreimal B angekreuzt? Sie sind im Büro eine angenehme Kollegin / ein angenehmer Kollege.
Haben Sie dreimal C angekreuzt? Sie arbeiten nicht so gern im Team. Gründen Sie lieber eine Firma.

LiveStyle 8/16   35

---

1 Im Büro

a Was machen die Personen auf den Fotos? Sprechen Sie im Kurs.

b Welches Wort passt? Lesen Sie das Quiz und suchen Sie die passenden Wörter.

Situation 1: _____ = nicht mehr funktionieren

Situation 2: _____ = nicht nett

Situation 3: _____ = unangenehm

c Wie verhalten Sie sich? Lesen Sie noch einmal und kreuzen Sie an. Welcher Typ sind Sie?

d Welche Antworten finden Sie gut? Welche nicht so gut? Warum? Sprechen Sie in Gruppen.

> *Ich finde 2B nicht gut, weil der Kollege dann vielleicht sauer reagiert.*

> *Ja, aber ...*

* D: der Aufzug – A+CH (auch): der Lift

2 Nebensätze mit *wenn*: Wenn ..., dann ...

a Was passt zusammen? Lesen Sie in 1 noch einmal, ordnen Sie zu und schreiben Sie Sätze.

Wenn der Computer abstürzt, – Wenn sich ein Kunde beschwert, – Wenn ich mit Kollegen im Aufzug fahre, – grüße ich freundlich. – bitte ich Kollegen um Hilfe. – erzähle ich es meinem Kollegen.

b Lesen Sie den Grammatikkasten und markieren Sie die Verben in den Sätzen in a.

Nebensätze mit *wenn*				
	Satzende (Verb)		**Position 2 (Verb)**	
Wenn der Computer	abstürzt,	(dann)	gehe	ich nach Hause.

c Lesen Sie die Sätze in a zu zweit laut – einmal mit *dann*, einmal ohne *dann*.

d Kursspaziergang: Was machen Sie, wenn Sie das doppelte Gehalt bekommen? Schreiben Sie eine Antwort. Gehen Sie durch den Kursraum. Fragen und antworten Sie.

> *Was machst du, wenn du das doppelte Gehalt bekommst?*

> *Wenn ich das doppelte Gehalt bekomme, arbeite ich nur einen halben Tag.*

> *Wenn du das doppelte Gehalt bekommst, arbeitest du nur einen halben Tag. Gute Idee!*

3 Interview mit dem Psychologen Dr. Seiters

2.02 **a** Was ist das Thema? Hören Sie und sprechen Sie im Kurs.

2.02 **b** Was passt zusammen? Hören Sie noch einmal und verbinden Sie.

1. Wenn der Mitarbeiter laut telefoniert hat,
2. Immer wenn die Kollegin rausgegangen ist,
3. Vielleicht ist es der Kollegin peinlich,
4. Man muss mit den Mitarbeitern sprechen,

a hat sich der Mitarbeiter gewundert.
b ist die Kollegin immer rausgegangen.
c wenn es ein Problem gibt.
d wenn er sie fragt.

4 Was machen Sie, wenn ...? Sammeln Sie Ideen. Antworten Sie dann mit *wenn*-Sätzen.

Was machen Sie, wenn Ihre Kollegin / Ihr Kollege nicht grüßt?
    ... wenn Ihr Zug Verspätung hat und Sie zu spät zu einem Termin kommen?
    ... wenn Ihre Chefin / Ihr Chef nicht merkt, dass Sie viel und gut gearbeitet haben?
    ... wenn im Büro plötzlich Ihre Hose kaputtgeht?

5 Computersprache. Was machen Sie? Lesen Sie die Situationen und sprechen Sie im Kurs. Die Bildleiste hilft.

1. Sie lesen gerade Zeitung im Internet und Ihr Chef kommt in Ihr Büro.
2. Sie haben einen wichtigen Anhang bekommen. Ihre Kollegin braucht den Anhang und den Kontakt.
3. Ihr E-Mail-Postfach ist voll.
4. Sie haben ein Protokoll für Ihre Kunden zu Ende geschrieben.

> *Ich schließe das Fenster und ...*

6 Ein typischer Morgen im Büro

a Was macht Arno Mondal? Hören Sie und ordnen Sie die Aktivitäten. Erzählen Sie dann.

☐ E-Mails löschen	☐ zu einer Besprechung gehen
☐ E-Mails weiterleiten	☐ E-Mails beantworten
☐ telefonieren	☐ einem Kollegen helfen
☐ einen Tee kochen	☐ 1 den Computer einschalten

> *Arno Mondal sagt, dass er zuerst den Computer einschaltet.*

b Wie viele E-Mails bekommen Sie täglich? Wie lange beantworten Sie Ihre E-Mails? Erzählen Sie.

7 Geschäftliche E-Mails schreiben

a Eine Terminanfrage. Wer hat die E-Mail an wen geschrieben und warum? Lesen Sie und sprechen Sie im Kurs.

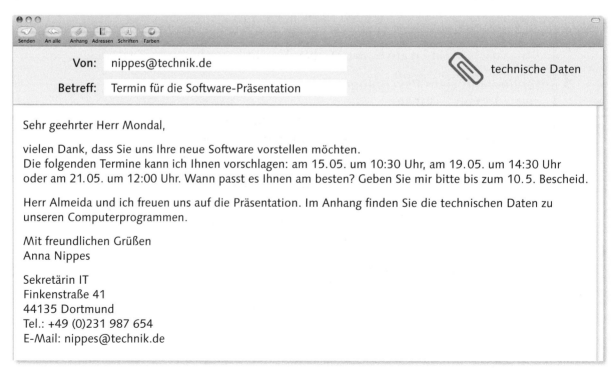

Von: nippes@technik.de

Betreff: Termin für die Software-Präsentation

technische Daten

Sehr geehrter Herr Mondal,

vielen Dank, dass Sie uns Ihre neue Software vorstellen möchten.
Die folgenden Termine kann ich Ihnen vorschlagen: am 15.05. um 10:30 Uhr, am 19.05. um 14:30 Uhr oder am 21.05. um 12:00 Uhr. Wann passt es Ihnen am besten? Geben Sie mir bitte bis zum 10.5. Bescheid.

Herr Almeida und ich freuen uns auf die Präsentation. Im Anhang finden Sie die technischen Daten zu unseren Computerprogrammen.

Mit freundlichen Grüßen
Anna Nippes

Sekretärin IT
Finkenstraße 41
44135 Dortmund
Tel.: +49 (0)231 987 654
E-Mail: nippes@technik.de

b Einen Termin bestätigen. Herr Mondal sagt zu. Ordnen Sie die Textteile.

☐ Mit freundlichen Grüßen	☐ vielen Dank für Ihre E-Mail vom 03.05.
☐ Sehr geehrte Frau Nippes,	☐ Arno Mondal

☐ Der 19.05. passt mir sehr gut. Ich komme um 14:30 Uhr zu Ihnen.

☐ Ich freue mich auf ein interessantes Gespräch mit Ihnen und Herrn Almeida.

c Einen Termin verschieben. Frau Nippes hat einen Termin und muss die Präsentation verschieben. Schreiben Sie eine E-Mail in Ihr Heft.

Sehr geehrter Herr Mondal,
...

---

einen Termin vereinbaren

Anrede
Sehr geehrte Frau ..., / Sehr geehrter Herr ...,
Sehr geehrte Damen und Herren,

Gruß
Mit freundlichen Grüßen

danken
Vielen Dank für ... / Vielen Dank, dass ...

einen Termin vorschlagen
Die folgenden Termine kann ich Ihnen anbieten/vorschlagen: ...
Ich hoffe, dass Ihnen die Termine passen.
Wann passt es Ihnen am besten? Geben Sie mir bitte bis zum ... Bescheid.
Passt es Ihnen auch am ...?

einen Termin zusagen
Der ... passt mir sehr gut. Ich komme um ... zu Ihnen.
Ich freue mich auf ein interessantes Gespräch mit Ihnen.

einen Termin absagen/verschieben
Bitte entschuldigen Sie, dass ich den Termin absagen muss.
Ich würde gern kommen, aber ...
Ich bin seit gestern krank und muss leider unseren Termin verschieben.

---

d Welche Gründe sind für eine Absage gut? Sprechen Sie im Kurs.

Ich finde, man kann nicht schreiben, dass man heiratet. Das ist zu privat.

löschen

öffnen

speichern

senden

weiterleiten

beenden/
schließen

ausdrucken

die Datei, -en

der Ordner, -

der Anhang,
-ä-e

der Kontakt, -e

8 Das ist wichtig im Beruf.

a Was ist für Sie wichtig? Kreuzen Sie drei Punkte an. Machen Sie dann eine Kursstatistik.

☐ die Kolleginnen/Kollegen ☐ der Ort
☐ eine interessante Arbeit ☐ die Sicherheit
☐ das Gehalt ☐ die Chefin / der Chef

Für mich ist wichtig, dass ich …

Am wichtigsten finde ich …

die Kollegen	Պ՚
eine interessante Arbeit	‖‖

b Wie wichtig sind eine interessante Arbeit, das Gehalt und die Sicherheit für die Deutschen? Lesen Sie den Text und ergänzen Sie die Grafik.

Wann sind die Deutschen am Arbeitsplatz zufrieden? Was ist für sie wichtig?

Eine Studie der Fachhochschule Köln hat 5000 Mitarbeiter und Mitarbeiterinnen gefragt: Was ist für Sie am Arbeitsplatz wichtig? Auf dem ersten Platz steht die Arbeit, d.h. die Arbeit soll interessant, sinnvoll und abwechslungsreich sein. Erst auf dem zweiten Platz steht das Gehalt und auf dem dritten Platz die Sicherheit. Die Kollegen und der Chef oder die Chefin sind ca. für ein Drittel von den Mitarbeitern und Mitarbeiterinnen wichtig.

Ich mag interessante Arbeit.

Ich bin auch sehr flexibel.

————————————— 70%

————————————— 60%

————————————— 52%

Kolleginnen/Kollegen — 37%

die Chefin / der Chef — 33%

der Ort — 21%

Quelle: Fachhochschule Köln, 2015

c Was ist für die Deutschen wichtig? Und was für Sie? Vergleichen Sie die Grafik mit Ihrer Kursstatistik in a.

Für die Deutschen ist eine interessante Arbeit wichtiger als für uns im Kurs.

Der Ort ist für die Deutschen genauso wichtig wie für uns.

Alles klar!

Wichtige Sätze

über den Büroalltag sprechen / über Probleme am Arbeitsplatz sprechen

Wenn ich ins Büro komme, schalte ich zuerst den Computer ein.
Ich beantworte E-Mails oder leite sie weiter. Dann gehe ich zu einer Besprechung.
Wenn der Computer abstürzt, kann der IT-Support helfen.
Wenn es ein Problem gibt, muss man mit den Mitarbeitern freundlich sprechen.
Wenn sich ein Kunde beschwert, erzähle ich es meinem Kollegen.

geschäftliche E-Mails schreiben / einen Termin vereinbaren

Anrede
Sehr geehrte Frau ..., / Sehr geehrter Herr ...,
Sehr geehrte Damen und Herren,

Gruß
Mit freundlichen Grüßen

danken
Vielen Dank für ... / Vielen Dank, dass ...

einen Termin vorschlagen
Die folgenden Termine kann ich Ihnen anbieten/vorschlagen: ...
Ich hoffe, dass Ihnen die Termine passen.
Wann passt es Ihnen am besten? Geben Sie mir bitte bis zum ... Bescheid.
Passt es Ihnen auch am ...?

einen Termin zusagen
Der ... passt mir sehr gut. Ich komme um ... zu Ihnen.
Ich freue mich auf ein interessantes Gespräch mit Ihnen.

einen Termin absagen/verschieben
Bitte entschuldigen Sie, dass ich den Termin absagen muss.
Ich würde gern kommen, aber ...
Ich bin seit gestern krank und muss leider unseren Termin verschieben.

Strukturen

Nebensätze mit *wenn*

Position 1 (Nebensatz)	Satzende (Verb)	Position 2 (Verb)	
Wenn ich mit Kollegen im Aufzug	fahre,	grüße	ich freundlich.
Wenn der Computer	abstürzt,	gehe	ich nach Hause.
Wenn die Kollegin	rausgegangen ist,	hat	er sich gewundert.
Wenn Sie einen Termin	absagen müssen,	schreiben	Sie eine E-Mail.

Wenn-Sätze können auch am Ende stehen:
Ich grüße freundlich, wenn ich mit Kollegen im Aufzug fahre.

▶ Phonetik, S. 142

Jetzt ist es da! Supernova 256 sofort lieferbar.

✔ großes Display

✔ schnelles Surfen

✔ Kamera

✔ günstige Tarife
oder Prepaid-Karte

Technische Daten und Preise

_____ - GB Speicherplatz
12-Megapixel-Kamera
5,5-Zoll-Display
(rosa, silber, _____ und _____)

Vertrag für 24 Monate
Infinity-Flatrate: _____ €
(telefonieren, SMS, surfen)
Basic-Flatrate: _____ €
(telefonieren, SMS, surfen bis
zu 500 MB)

Ohne Vertrag: _____ €

1 Das neue Smartphone-Modell

a Was ist für Sie bei einem Smartphone wichtig? Sprechen Sie im Kurs. Die Bildleiste hilft.

> _Was ist für dich wichtig, wenn du ein Smartphone kaufst?_

> _Für mich ist ein günstiger Tarif wichtig. Und für dich?_

2.04 **b** Welche Infos braucht die Kundin?
Hören Sie und kreuzen Sie an.

1. ☐ wie viel Speicherplatz
2. ☐ das Display: welche Größe
3. ☐ welche Tarife
4. ☐ eine Kamera: ja/nein
5. ☐ welcher Preis (ohne Vertrag)
6. ☐ in welchen Farben

2.04 **c** Was sagt der Verkäufer über das Smartphone? Hören Sie noch einmal und ergänzen Sie
die Informationen im Prospekt.

2.04 **d** Was fragt die Kundin? Hören Sie noch einmal und verbinden Sie.

1. Könnten Sie mir sagen, wie viel
2. Ich möchte noch wissen, wie teuer
3. Wissen Sie, ob man das Handy
4. Ich möchte noch wissen, ob es

a ein Tarif mit Flatrate ist.
b das Handy auch in anderen Farben gibt.
c Speicherplatz das Handy hat?
d auch ohne Vertrag kaufen kann?

2 Indirekte Fragen: Könnten Sie mir sagen, wie viel ...?

a Lesen Sie die indirekten Fragen in 1d und ergänzen Sie den Grammatikkasten.

der Akku, -s

Indirekte Fragen		
direkte Fragen	Wie viel Speicherplatz hat das Handy? Gibt es das Handy in anderen Farben?	
indirekte Fragen		**Satzende (Verb)**
Könnten Sie mir sagen,	_____ Speicherplatz das Handy	hat?
Ich möchte wissen,	_____ es das Handy in anderen Farben	gibt.

das Display, -s

b Was fragt die Kundin? Ergänzen Sie die indirekten Fragen.

💬 Könnten Sie mir sagen, wie _____ ?
👍 Das Display ist 5,5-Zoll groß.

💬 Ich möchte wissen, ob _____ .
👍 Ja, das Handy hat eine Kamera mit Videofunktion.

die Prepaid-Karte, -n

💬 Gut. Weiter möchte ich wissen, wie lange _____ ?
👍 Der Akku hält ca. zehn Stunden.

💬 Wissen Sie, welche _____ ?
👍 Es gibt die Infinity-Flatrate für 29,90 Euro und die Basic-Flatrate für 9,90 Euro.

der Vertrag, -ä-e

💬 Können Sie mir noch sagen, ob _____ ?
👍 Nein, mit der Basic-Flatrate können Sie nur wenig surfen.

c Lesen Sie den Dialog in b zu zweit laut.
d Was möchten Sie über ein Smartphone wissen? Schreiben Sie indirekte Fragen mit den Wörtern in der Bildleiste. Fragen und antworten Sie.

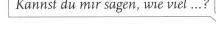
Kannst du mir sagen, wie viel ...?

die Flatrate, -s

e Beratungsdialoge. Wählen Sie ein Gerät und schreiben Sie zu zweit einen Dialog. Spielen Sie den Dialog im Kurs. Machen Sie eine Audioaufnahme oder ein Video.

Tablet
Display: 10 Zoll (25,5 cm)
Speicherplatz: 128 GB
GPS-Apps und Tastatur (extern) inklusive

Smartwatch
Display: 42 mm
Speicherplatz: 4 GB
ohne Handy Musik hören
großes App-Angebot

der Tarif, -e

der Speicherplatz (Sg.)

3 Welche Apps nutzen Sie?

a Was machen die Personen? Beschreiben Sie das Foto.

 2.05

b Welche App haben die Personen? Hören Sie und kreuzen Sie an.

	Herr Fischer	Herr Schmidt	Frau Ehrlich
1. Aktuelles24	☐	☐	☐
2. eNatur	☐	☐	☐
3. Da-bin-ich	☐	☐	☐

c Was hat man früher benutzt? Ordnen Sie die Fotos den Apps in b zu und sprechen Sie im Kurs.

die Zeitung

der Stadtplan

das Buch

 2.05

d Was passt zusammen? Hören Sie noch einmal und verbinden Sie.

1. Herr Fischer hat   a eine App zum Erkennen von Vogelstimmen.
2. Er nutzt sein Handy   b zum Lesen von Zeitungen.
3. Herr Schmidt mag am liebsten   c sehr praktisch zum Navigieren.
4. Er findet sie   d 24 Apps.
5. Frau Ehrlich hat nur   e viele Apps.
6. Ihre Lieblingsapp ist   f eine GPS-App.

4 *Zum* + Nomen (Infinitiv): Ich habe eine App zum Navigieren.

a Lesen Sie den Dialog zu zweit laut.

☐ Was ist deine Lieblingsapp?
☐ Meine Lieblingsapp ist Da-bin-ich.
☐ Da-bin-ich? Was für eine App ist das?
☐ Das ist eine App zum Navigieren.
☐ Ach, so. Eine App zum Navigieren ist sehr wichtig.
☐ Und du? Was ist deine Lieblingsapp?
☐ Meine Lieblingsapp ist eNatur.
☐ eNatur? Was für eine App ist das?
☐ Das ist eine App zum Erkennen von Vogelstimmen.
☐ Wirklich? Eine App zum Erkennen von Vogelstimmen? Das ist interessant.

zum + Nomen (Infinitiv)	
Verb	***zum* + Nomen**
navigieren	zum Navigieren
	Ich habe eine App zum Navigieren.
Zeitungen lesen	zum Lesen von Zeitungen
	Das ist eine App zum Lesen von Zeitungen.

b Variieren Sie den Dialog mit anderen Apps.

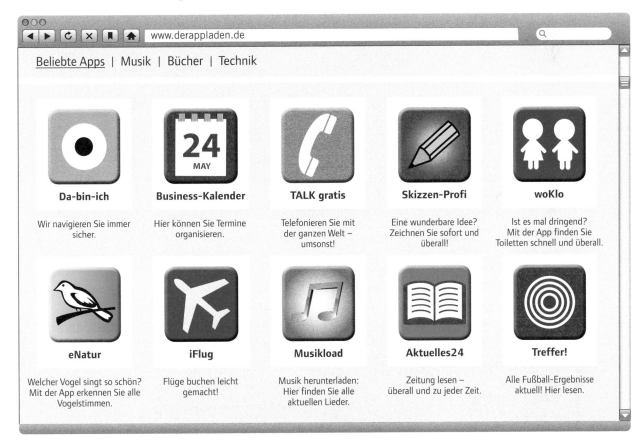

5 Meine Apps, deine Apps

a Welche Apps haben Sie? Welche Apps möchten Sie haben? Nutzen Sie Apps zum Lernen von Sprachen? Sprechen Sie im Kurs.
b Erfinden Sie zu zweit eine neue App. Zeichnen Sie ein Icon für die App und schreiben Sie eine kurze Beschreibung für den App-Laden. Stellen Sie die App im Kurs vor.

6 Stirbt das Buch?

a Was ist das Thema? Lesen Sie und sprechen Sie im Kurs.

STIRBT DAS BUCH?

Immer mehr Leserinnen und Leser benutzen E-Books. Stirbt das Buch? Und ist das schlimm?

Jede Bücherfreundin und jeder Bücher-freund kennt das Problem: Das Regal ist eigentlich voll, aber man möchte ein neues Buch kaufen. Bücher sind groß
5 und schwer und brauchen viel Platz.
Die digitale Entwicklung bietet eine Lösung. Sie heißt: E-Book. Ein E-Book-Reader, ein Tablet oder auch ein Smartphone können so viele Bücher wie eine ganze Bibliothek enthalten. Das spart Platz.
10 Ein E-Book hat auch andere Vorteile. Es verbraucht kein Papier. Das ist umweltfreundlich, weil keine Bäume sterben müssen. Sie haben Ihr Buch zu Ende gelesen? Kein Pro-blem: Sie bestellen ein neues E-Book im Internet und es ist sofort da. Das ist praktisch und spart Zeit. Es ist also kein
15 Wunder, dass man immer mehr E-Books verkauft und viele Buchhandlungen deshalb schließen müssen.

E-Books haben aber auch Nachteile. Digi-tale Daten sind nicht so zuverlässig wie Papier. Ein Computervirus – und die ganze Bibliothek ist weg. Der zweite Nachteil: Die 20 digitale Technik ändert sich schnell. Kann die Software in zwanzig Jahren noch die heutigen E-Books lesen? Wenn nicht, ist die elektronische Bibliothek nutzlos. Das erste Buch – die Gutenberg-Bibel – kann man nach 560 Jahren immer noch gut lesen. Bücher 25 auf Papier kann man nach 40, 50, 100 oder sogar 1000 Jahren lesen und man braucht zum Lesen keine Tech-nik. Das ist ein großer Vorteil. Viele Menschen mögen lieber Bücher, weil sie sie anfassen und riechen können. Außerdem: Technik ist teuer und Papier ist billig. Wenn Sie 30 Ihr Buch im Bus vergessen, ist es nicht schlimm. Wenn Sie Ihr teures Tablet verlieren oder wenn Sie im Bad lesen und das Smartphone ins Wasser fällt, ist das nicht so gut …

b Was passt zusammen? Lesen Sie noch einmal. Suchen Sie die Wörter und verbinden Sie.

1. die Lösung (Zeile 7)
2. verbrauchen (Zeile 10)
3. umweltfreundlich (Zeile 11)
4. die Daten (Zeile 18)
5. zuverlässig (Zeile 18)
6. heutig (Zeile 23)

a Antwort auf ein Problem
b gut für die Natur
c von heute, von jetzt
d Informationen (oft digital)
e nutzen, bis nichts mehr da ist
f sicher, es funktioniert immer

c Arbeiten Sie in zwei Gruppen. Lesen Sie noch einmal und sammeln Sie Argumente: Gruppe 1 für E-Books und gegen Bücher, Gruppe 2 für Bücher und gegen E-Books.

d Was ist besser: ein Buch aus Papier oder ein digitales E-Book? Diskutieren Sie im Kurs.

seine Meinung äußern
Ich glaube/finde, dass ...
Meiner Meinung nach ...

zustimmen	**widersprechen**	**unsicher sein**
Ja, ich stimme dir zu.	Ich sehe das anders.	Bist du sicher, dass ...?
Ich finde, du hast Recht.	Ich glaube/finde nicht, dass ...	Glaubst du wirklich, dass ...?
	Das stimmt nicht.	Ich bin nicht sicher, ob ...

7 Medien unterwegs: Welche Medien nutzen die Menschen? Sammeln Sie Informa-tionen auf dem Weg zum Deutschkurs und berichten Sie im Kurs.

Alles klar!

Wichtige Sätze

Beratungsdialoge führen / technische Informationen über Geräte erfragen

Könnten Sie mir sagen, was das Smartphone kostet?	Es kostet 295,50 Euro.
Ich möchte gern wissen, ...	
ob es eine Kamera hat.	Ja, es hat eine Kamera.
wie viel Speicherplatz es hat.	Es hat 64 Gigabyte Speicherplatz.
welche Tarife es gibt.	Die Basic-Flatrate kostet 9,90 Euro im Monat.

Apps beschreiben

Was ist deine Lieblingsapp?	Meine Lieblingsapp ist ...
Was für eine App ist das?	Das ist eine App zum Navigieren / zum Buchen von Flügen / zum Telefonieren / ...

seine Meinung äußern

Ich glaube/finde, dass ...
Meiner Meinung nach ...

zustimmen	**widersprechen**	**unsicher sein**
Ja, ich stimme dir zu.	Ich sehe das anders.	Bist du sicher, dass ...?
Ich finde, du hast Recht.	Ich glaube/finde nicht, dass ...	Glaubst du wirklich, dass ...?
	Das stimmt nicht.	Ich bin nicht sicher, ob ...

Strukturen

Indirekte Fragen

direkte Fragen	Wie viel Speicherplatz hat das Handy?
	Gibt es das Handy in anderen Farben?

indirekte Fragen

		Satzende (Verb)
Könnten Sie mir sagen,	wie viel Speicherplatz das Handy	hat?
Ich möchte wissen,	ob es das Handy in anderen Farben	gibt.

zum + Nomen (Infinitiv)

navigieren	zum Navigieren	Ich habe eine App zum Navigieren.
Zeitungen lesen	zum Lesen von Zeitungen	Das ist eine App zum Lesen von Zeitungen.

► Phonetik, S. 142

Deutsch aktiv

1 Wörter sammeln

a Bilden Sie zwei Gruppen. Wählen Sie ein Thema und sammeln Sie Wörter an der Tafel.

E-Mails schreiben

der Büroalltag

das Smartphone

viel Speicherplatz

b Bilden Sie mit den Wörtern Sätze und lassen Sie für das Wort eine Lücke. Die andere Gruppe ergänzt das Wort.

Ich habe viele ... auf meinem Smartphone.

Du hast viele Apps auf deinem Smartphone.

Nein.

Du hast viele ...

2 Wenn ..., dann ...

a Am Computer. Arbeiten Sie zu zweit. Ihre Partnerin/Ihr Partner arbeitet auf Seite 138. Sprechen Sie zu zweit wie im Beispiel.

löschen öffnen speichern senden weiterleiten ausdrucken schließen

1. eine Spam-E-Mail bekommen
2. eine E-Mail mit einem wichtigen Anhang bekommen
3. eine E-Mail bekommen und eine Kollegin braucht die E-Mail
4. eine E-Mail zu Ende schreiben

Wenn du eine Spam-E-Mail bekommst, dann ...

..., dann lösche ich die E-Mail.

b Was brauchen Sie, wenn ...? Fragen und antworten Sie.

Sie wollen mit Ihrem Handy viel fotografieren. – Ihr Handy-Display ist kaputt. – Sie wollen im Zug Nachrichten lesen. – Ihr Smartphone ist zu langsam. – Ihr Akku hält nur noch zwei Stunden. – Sie wollen mit Ihrem Handy viel surfen.

Was brauchst du, wenn du mit deinem Handy viel fotografieren willst?

Wenn ich mit meinem Handy viel fotografieren will, brauche ich viel Speicherplatz.

3 Kurskette: Was möchten Sie wissen, wenn Sie von einer neuen Stelle hören? Sprechen Sie im Kurs.

> *Ich möchte wissen, wie hoch das Gehalt ist.*

> *Aha, du möchtest wissen, wie hoch das Gehalt ist. Ich möchte wissen, ob die Kollegen nett sind.*

> *Hm, du möchtest wissen, ob die Kollegen nett sind. Ich möchte wissen, ...*

4 Ist ... gut zum ...?

a Was denken Sie: Sind die Geräte gut zum ...? Ergänzen Sie die Tabelle.

✗ schlecht   ✓ okay   ✓✓ sehr gut

	der Laptop	das Tablet	das Smartphone	die Smartwatch
E-Mails schreiben	✓✓			
E-Books lesen				
fotografieren				
telefonieren				

b Fragen und antworten Sie.

> *Ich finde, ein Laptop ist sehr gut zum Schreiben von E-Mails. Was meinst du?*

5 Eine E-Mail-Anfrage

a Arbeiten Sie zu zweit. Ihre Partnerin/Ihr Partner arbeitet auf Seite 138. Lesen Sie die E-Mail zu zweit laut (Partnerin/Partner A fängt an).

Partnerin/Partner A

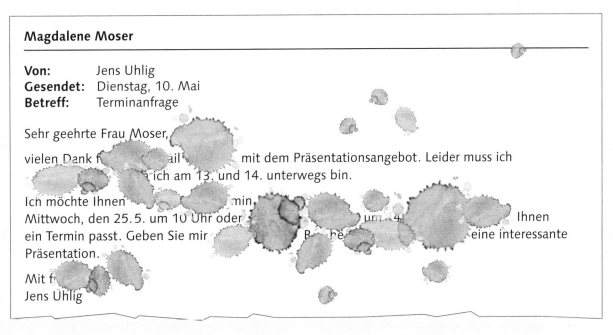

Magdalene Moser

Von: Jens Uhlig
Gesendet: Dienstag, 10. Mai
Betreff: Terminanfrage

Sehr geehrte Frau Moser,

vielen Dank f   ail   mit dem Präsentationsangebot. Leider muss ich
           ich am 13. und 14. unterwegs bin.

Ich möchte Ihnen   min
Mittwoch, den 25.5. um 10 Uhr oder   um 4   Ihnen
ein Termin passt. Geben Sie mir   B he   eine interessante
Präsentation.

Mit f
Jens Uhlig

b Schreiben Sie zu zweit eine Antwort.

V Panorama

1 dmexco, Köln 2015
2 CeBIT, Hannover 2015

1 Auf der Messe

a Was passt zu den Fotos? Ordnen Sie zu. Vergleichen Sie im Kurs. Sammeln Sie weitere Wörter.

sich treffen – Visitenkarten tauschen – beraten – zuhören – ausstellen – teilnehmen – besprechen

b Was sagen die Personen auf den Fotos? Beschreiben Sie die Fotos und sammeln Sie Ideen.

2.06 **c** Welche Fotos passen? Hören Sie und ordnen Sie zu.

2.06 **d** Was ist richtig? Hören Sie noch einmal und kreuzen Sie an.

	richtig	falsch
1. Die Videokamera CT100 ist ein neues Modell.	☐	☐
2. Sie kostet 199 Euro.	☐	☐
3. Frau Wolters besucht die Messe privat.	☐	☐
4. Herr Schneider stellt ein Computerspiel vor.	☐	☐
5. Herr Lietzenberger hatte gestern keine Zeit.	☐	☐
6. Herr Lietzenberger muss die Präsentation verschieben.	☐	☐

e Arbeiten Sie zu zweit oder zu dritt. Wählen Sie eine Situation und spielen Sie einen Dialog.

Am Messestand

Partnerin/Partner A
Sie haben einen Termin mit einer Geschäftspartnerin / einem Geschäftspartner.
Sie möchten mit ihr/ihm einen Termin für
eine Präsentation vereinbaren.

Partnerin/Partner B
Sie sind am Messestand und warten auf eine
Geschäftspartnerin / einen Geschäftspartner.
Sie möchten mit ihr/ihm eine Präsentation
in Ihrer Firma vereinbaren.

Photokina, Köln 2014

ITB, Berlin 2014

Im Messe-Restaurant

Partnerin/Partner A
Sie sind privat auf der Messe, weil Sie
Computerspiele mögen. Sie möchten einen
Kaffee trinken, aber alle Tische sind besetzt.
Fragen Sie, ob an einem Tisch ein Platz
frei ist. Sie kommen mit der Messe-
Besucherin / dem Messe-Besucher ins
Gespräch.

Partnerin/Partner B
Sie besuchen die Computer-Messe beruf-
lich und haben eine eigene App-Firma.
Sie sitzen im Restaurant und essen zu
Mittag. Eine Messe-Besucherin / Ein Messe-
Besucher möchte sich zu Ihnen an den
Tisch setzen.

f   Waren Sie schon einmal auf einer Messe? Was haben Sie dort gemacht? Erzählen Sie im Kurs.

2 Messe-Präsentation. Arbeiten Sie zu viert und wählen Sie eine Messe. Recherchieren
Sie Informationen. Machen Sie ein Plakat und präsentieren Sie die Messe im Kurs.

IAA Frankfurt   Buchmesse Leipzig   IFA Berlin   Gamescom Köln

Wann und wo findet die Messe statt? Was für Firmen stellen dort aus? Was für Produkte stellen
die Firmen aus? Was kann man auf der Messe machen?

Freunde tun gut

a Eine Freundschaft mit wenigen Menschen ist wichtiger als der Applaus von vielen Menschen.

(nach: Otto von Bismarck, deutscher Politiker, *1815 †1898)

b *Natürlich ist meine Frau für mich wichtig. Aber ich lebe lieber ohne meine Frau als ohne meine Freunde.*

(nach: Kevin Costner, amerikanischer Schauspieler, *1955)

c Freundschaft kann es nur zwischen Menschen mit gleichem Gehalt geben. Alle anderen wollen etwas von dir.

(nach Jean Paul Getty, amerikanischer Industrieller, *1892 †1976)

d *Wenn ich jemand auch um vier Uhr morgens anrufen kann, dann ist er ein Freund.*

(nach: Marlene Dietrich, deutsche Schauspielerin, *1901 †1992)

e Freundschaft macht das Glück (noch) schöner und hilft im Unglück.

(nach: Cicero, römischer Philosoph, *106 vor Christus †43 vor Christus)

f Mit Büchern ist es wie mit Menschen: Wir lernen viele kennen, aber nur wenige werden unsere Freunde.

(nach: Ludwig Feuerbach, deutscher Philosoph, *1804 †1872)

1 Freundschaft – was heißt das eigentlich?

a Woran denken Sie bei dem Wort *Freundschaft?* Ergänzen Sie das Wörternetz.

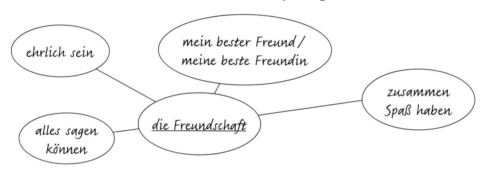

ehrlich sein

mein bester Freund / meine beste Freundin

zusammen Spaß haben

alles sagen können

die Freundschaft

b Welches Zitat passt? Lesen Sie und ordnen Sie zu.

1. ☐ Man trifft (im Leben) viele Menschen, aber man hat nicht so viele gute Freunde.

2. ☐ Wenn jemand weniger Geld als Sie verdient, kann er nicht wirklich Ihr Freund sein.

3. ☐ Mit Freunden ist alles besser: die guten und die schlechten Dinge.

4. ☐ Freundschaft ist wichtiger als Liebe.

5. ☐ Ein guter Freund ist immer für mich da.

6. ☐ Wenn man berühmt ist, ist es gut. Aber Freundschaft ist wichtiger.

c Welches Zitat finden Sie am besten? Diskutieren Sie zu dritt.

seine Meinung äußern	zustimmen	widersprechen
Ich finde, das Zitat ... am besten / am schönsten, weil... Ich denke, dass ... (nicht) Recht hat. Das Zitat gefällt mir (nicht), weil... Ich finde besonders wichtig, dass...	Ja genau! Das finde ich auch. Stimmt, das sehe ich auch so.	Nein, das stimmt meiner Meinung nach nicht. Das sehe ich anders. Ich finde, dass...

stark und schwach

dick oder dünn

böse

lieb

mutig

ängstlich

neugierig

klug

dumm

lange blonde Haare

kurze schwarze Haare

rote Haare

2 Wirklich gute Freunde?

a In welcher Zeitschrift kann man den Artikel in b lesen? Kreuzen Sie an.

1. ☐ in einer Frauenzeitschrift
2. ☐ in einer Fernsehzeitung
3. ☐ in einem Kindermagazin

b Wie sind die Figuren? Welche Adjektive aus der Bildleiste passen? Sehen Sie die Bilder an und notieren Sie. Lesen Sie dann und vergleichen Sie.

6/2016

KNUDDEL

Ein Freund, ein guter Freund – das ist das Beste auf der Welt.

Habt ihr gute Freunde? Was ist eigentlich eine gute Freundschaft? Wir haben uns berühmte Freunde aus Film und Fernsehen angesehen und wollen sie hier vorstellen.

Auch ein Mädchen und ein Junge können Freunde sein

Die kluge Biene Maja und ihr Freund Willi mit der lustigen Stimme sind immer zusammen.
5 Sie sind nicht verliebt, sie sind einfach nur sehr gute Freunde. Weil Maja sehr neugierig ist, kommt sie oft in gefährliche Situ-
10 ationen. Das gefällt dem ängstlichen Willi gar nicht. Aber natürlich hilft er seiner Freundin.

Groß und klein passen gut zusammen

Obelix ist groß und stark, hat einen dicken Bauch und manchmal denkt er ein bisschen langsam.
5 Sein Lieblingshobby ist Essen – am liebsten isst er Wildschwein. Asterix ist klein, mutig, schnell und klug. Man denkt, er
10 ist schwach. Wenn er aber das magische Getränk trinkt, kann er gegen jeden kämpfen. Er liebt Aben-teuer – und sein Freund
15 Obelix hilft ihm immer.

Sie lachen – andere weinen

Zwei Jungen – und beide sind sehr böse. Max und Moritz sind immer zu-sammen und machen
5 nur Unsinn: Sie ärgern ihre Nachbarin, den Leh-rer und sogar die Hühner. Sie haben viel Spaß und halten immer zusammen.
10 Wilhelm Busch hat vor mehr als 150 Jahren die Geschichten von Max und Moritz geschrieben und man hat sie in 300
15 Sprachen übersetzt.

Asterix: klein, mutig ...

Asterix ist klein, aber er ist mutig und ...

c Wählen Sie eine Figur und beschreiben Sie sie in einem Satz. Die anderen raten.

Meine Figur ist eine kleine, mutige und sehr neugierige Figur.

Das ist ...

d Welche Freundschaften aus Filmen oder Büchern kennen Sie? Beschreiben Sie.

3 Mein bester Freund

a Bilden Sie zwei Gruppen. Jede Gruppe liest einen Text. Machen Sie Notizen zu Ihrem Text.

1. Wann und wo haben sich Thomas und Rudi kennengelernt?
2. Wie beschreibt Rudi Thomas und Thomas Rudi?
3. Welches Abenteuer haben sie zusammen erlebt?
4. Beide Freunde waren 15: Was ist passiert?

> *Rudi:*
> *1. seinen Freund Thomas am ersten Schultag kennengelernt*

Als ich sechs Jahre alt war, habe ich Thomas kennengelernt. Er war in meiner Klasse. Ich habe ihn sofort gemocht: seine roten Haare, sein Lachen – er war so lustig! Ich war an meinem ersten Schultag sehr nervös, aber er hat neben mir gesessen* und wir mussten immer wieder lachen. Wir waren bald jeden Tag zusammen, haben die Hausaufgaben gemacht und sind dann nach draußen gegangen. Einmal haben wir Indianer gespielt und ein Feuer gemacht, das war natürlich verboten. Als das Feuer gebrannt hat, gab es viel Rauch und die Polizei kam. Sie hat uns nach Hause gebracht. Oh Mann, da waren unsere Eltern böse! Als ich 15 war, habe ich mich verliebt – in Julia. Sie hatte lange blonde Haare. Leider war Thomas auch in sie verliebt und Julia konnte oder wollte sich nicht entscheiden. Manchmal ist sie mit mir ins Kino gegangen und manchmal mit Thomas. Das war nicht einfach, aber am Ende...

Als ich Rudi kennengelernt habe, war ich noch in der Grundschule – vielleicht in der zweiten Klasse, wir waren acht oder so. Er hat neben mir gesessen. Er war mir sofort sympathisch, er war klug und ziemlich ruhig, aber nicht langweilig. Ich hatte oft Ärger mit den Lehrern oder meinen Eltern, aber Rudi hat mir immer geholfen. Wir waren bald jeden Tag zusammen. Die Schule war zu Ende, wir haben gegessen und sind dann sofort nach draußen gegangen. Einmal haben wir abends auf dem Spielplatz geraucht. Das war natürlich verboten. Da kam sein Vater von der Arbeit und hat uns gesehen... Klar, unsere Eltern waren sehr böse. Aber Rudi hat nicht gesagt, dass die Zigaretten von mir waren. Als ich 15 war, war ich verliebt – in Julia. Sie war sehr hübsch. Rudi war auch in sie verliebt. Julia mochte mich aber lieber und Rudi war eifersüchtig. Das war nicht einfach, aber am Ende...

> **Präteritum**
> er/es/sie kam ▶ er/es/sie ist gekommen
> er/es/sie gab ▶ er/es/sie hat gegeben
> er/es/sie mochte ▶ er/es/sie hat gemocht

b Was erzählen Rudi und Thomas anders? Arbeiten Sie mit einer Partnerin / einem Partner aus der anderen Gruppe. Erzählen Sie die Geschichte und finden Sie fünf Unterschiede.

> *Rudi sagt, dass er Thomas am ersten Schultag...*

> *Thomas sagt, dass er Rudi...*

* D: er hat gesessen – A+CH: er ist gesessen

4 Als ich 15 war, habe ich …

a Sind Rudi und Thomas heute noch Freunde? Wie ist es mit Julia weitergegangen? Hören Sie und sprechen Sie im Kurs.

b Was passt zusammen? Hören Sie noch einmal und verbinden Sie.

1. Als Thomas keine Arbeit gefunden hat,
2. Als sie Feuer gemacht haben,
3. Die Eltern waren sehr böse,
4. Rudi und Thomas haben sich kennengelernt,
5. Beide waren in Julia verliebt,

a als sie in die Grundschule gekommen sind.
b als die Polizei Rudi nach Hause gebracht hat.
c als sie 15 Jahre alt waren.
d ist die Polizei gekommen.
e ist er nach Australien gegangen.

c Ordnen Sie die Sätze in b und schreiben Sie sie in Ihr Heft.

d Nebensätze mit *als:* Als ich 15 war, habe ich… Markieren Sie die *als*-Sätze in c wie im Grammatikkasten.

Nebensätze mit *als*		Satzende (Verb)
Rudi war 15 Jahre alt,	als er sich in Julia	verliebt hat.
Es gab viel Rauch,	als das Feuer	gebrannt hat.

Als-Sätze stehen oft auch am Anfang:

	Satzende (Verb)	Position 2 (Verb)	
Als Rudi sich in Julia	verliebt hat,	war	er 15 Jahre alt.

5 Ein Freundschaftslied

a Wie alt war die Person? Hören Sie und notieren Sie.

1. im Sandkasten spielen: _____
2. die Lehrer ärgern: _____
3. zum ersten Mal verliebt sein: _____
4. eine Wohnung zusammen haben: _____
5. auf deiner Hochzeit sein: _____

b Bilden Sie *als*-Sätze mit den Wörtern in a.

Als wir drei waren, haben wir zusammen im Sandkasten gespielt.

c Hören Sie noch einmal und lesen Sie den Text auf Seite 148. Singen Sie mit.

⚐ 6 Und Ihre beste Freundin / Ihr bester Freund? Beschreiben Sie Ihre Freundschaft.

Wie heißt sie/er? Wie ist sie/er? Wie sieht sie/er aus? Was haben Sie zusammen erlebt?

7 Muschi und Mausi

a Lesen Sie die Überschrift und sehen Sie das Foto an. Beantworten Sie die Fragen.

1. Was ist das Thema?
2. Wo ist das?
3. Was denken Sie: Was ist das Ende von der Geschichte?

b Lesen Sie und überprüfen Sie Ihre Antworten in a.

Vermischtes   37

Eine tierische Geschichte

Eine ungewöhnliche Freundschaft hat viele Menschen zum Lachen, aber auch zum Weinen gebracht. Muschi, die Katze, und Mausi, die Bärin, haben sich im Berliner Zoo kennen-
5 gelernt. Plötzlich war die schwarze Katze da

Bärin Mausi und Katze Muschi im Berliner Zoo, 2004

und hat einfach zusammen mit Mausi gegessen. Die Bärin war ganz lieb, wie eine Mutter zu einem Bärenbaby. Viele Menschen wollten das lustige Paar sehen.

Als man das Zuhause von Mausi renovieren 10 musste, kam sie in einen Käfig. Muschi konnte nicht mehr zu ihr. Sie kam immer wieder vor den Käfig und hat laut geschrien, weil sie zu ihrer Freundin wollte. Die Katze hat vielen Menschen leidgetan und sie haben Briefe an 15 den Zoo geschrieben. Viele Zeitungen und das Fernsehen haben berichtet. Die Katze durfte dann ganz offiziell mit der Bärin zusammenleben. Die beiden hatten noch sieben glückliche Jahre zusammen. Dann ist Mausi im Alter 20 von 42 Jahren gestorben und Muschi hat weiter im Zoo gelebt.

c Die Bärin, die Katze oder beide? Was passt? Lesen Sie noch einmal und notieren Sie.

a ☐ Dann musste sie umziehen. _____

b ☐ Sie durften einen Käfig teilen. _____

c ☐ Sie durfte ihre Freundin nicht mehr besuchen. _____

d 1 Sie ist plötzlich in den Zoo gekommen.   *die Katze* _____

e ☐ Sie war wie eine Mutter und hat ihr Essen geteilt. _____

f ☐ Viele Menschen wollten ihnen helfen. _____

g ☐ Sie ist später gestorben. _____

h ☐ Sie ist im Zoo geblieben. _____

d Ordnen Sie die Sätze in c.

e Sie möchten die Geschichte einer Freundin / einem Freund erzählen. Erzählen Sie frei.

> *Ich habe eine tolle Geschichte gelesen. Im Berliner Zoo sind eine Bärin und eine Katze gute Freunde geworden. Das war so: Die Katze ist plötzlich ...*

Alles klar!

Wichtige Sätze

über Freundschaft und über Vergangenes sprechen

Man hat im Leben nicht so viele gute Freunde. Freundschaft ist wichtiger als Liebe/ als Geld. Ein guter Freund ist immer für mich da. Mit Freunden ist alles besser: die guten und die schlechten Dinge.

Als ich sechs Jahre alt war, habe ich ... kennengelernt. Sie/Er war mir sofort sympathisch. Sie/Er hat mir immer geholfen. Wir waren fast jeden Tag zusammen. Wir haben viel zusammen erlebt.

seine Meinung äußern

Ich finde, das Zitat ... am besten /
am schönsten, weil ...
Ich denke, dass ... (nicht) Recht hat.
Das Zitat gefällt mir (nicht), weil ...
Ich finde besonders wichtig, dass ...

zustimmen und widersprechen

Ja genau! Das finde ich auch.
Stimmt, das sehe ich auch so.
Nein, das stimmt meiner Meinung nach nicht.
Das sehe ich anders. Ich finde, dass ...

eine Person beschreiben

Sie/Er ist ein ruhiger/lustiger/kluger/neugieriger/... Mensch. Sie/Er hat lange/ kurze/blonde/schwarze/rote Haare. Sie/Er ist dick/dünn/stark/schwach/...

eine Freundschaftsgeschichte nacherzählen

Ich habe eine tolle Geschichte gelesen. In ... sind ... gute Freunde geworden. Das war so: Zuerst hat ein/e ... Dann ...

Strukturen

Präteritum

er/es/sie kam   ▶ er/es/sie ist gekommen
er/es/sie gab   ▶ er/es/sie hat gegeben
er/es/sie mochte   ▶ er/es/sie hat gemocht

Nebensätze mit *als*

		Satzende (Verb)
Es gab viel Rauch,	als das Feuer	gebrannt hat.
Die Eltern waren sehr böse,	als die Polizei Rudi	gebracht hat.
Rudi war 15 Jahre alt,	als er sich in Julia	verliebt hat.

Als-Sätze stehen oft auch am Anfang:

	Satzende (Verb)	Position 2 (Verb)	
Als Rudi sich in Julia	verliebt hat,	war	er 15 Jahre alt.

▶ Phonetik, S. 142

 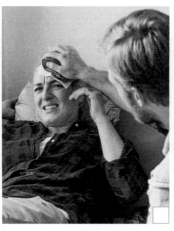  

1 Ein Unfall im Haushalt

a Was passiert auf den Fotos? Ordnen Sie und beschreiben Sie die Fotos. Arbeiten Sie mit der Bildleiste.

> *Foto Nummer eins ist ganz rechts: Susi sitzt auf dem Sofa und sie blutet. Sie hat sich ...*

2.09

12

b Hören Sie und ordnen Sie die Sätze.

a ☐ Arno geht in die Küche und kühlt Susis Kopf mit Eis.

b ☐ Sie gehen zur Notaufnahme, weil Arno sich Sorgen macht.

c ☐ Susi wollte das Fenster putzen. Sie hat sich am Kopf gestoßen.

d ☐ Dann fahren sie ins Krankenhaus.

e ☐ Sie gehen zum Auto.

f ☐ Arno kommt nach Hause und sieht, dass Susi blutet.

c Was ist passiert? Erzählen Sie.

> *Als Susi das Fenster putzen wollte, hat sie sich am Kopf gestoßen. Dann ist ...*

2 Einen Notruf machen

a Wann rufen Sie die Nummer 112 an? Sprechen Sie im Kurs.

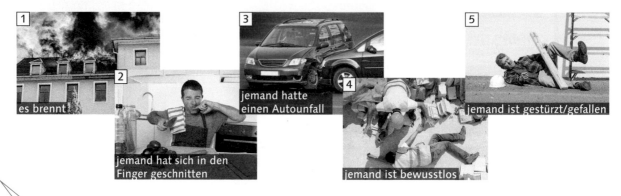

> *Ich mache einen Notruf, wenn jemand bewusstlos ist.*

das Kranken-
haus*, -äu-er

b Die Notruf-Regeln. Welche Fragen passen? Lesen Sie und ordnen Sie zu.

Notruf 📞112

der Kranken-
wagen*, -

1	**Wer** ruft an?	Sagen Sie Ihren Namen und auch Ihre Telefonnummer. So sind Sie erreichbar.
2	**Wo** ist der Unfall?	Sagen Sie ganz genau: Wo ist der Unfall passiert?
3	**Was** ist passiert?	Beschreiben Sie kurz: Was ist passiert? Zum Beispiel: „Es brennt in der Küche." Oder: „Mein Kollege hat Schmerzen in der Brust."
4	**Wie viele** Verletzte?	Sagen Sie genau: Wie viele Personen haben sich verletzt? Wenn es brennt: Sind noch Personen im Haus? Wie viele?
5	**Welche** Verletzungen?	Beschreiben Sie die Verletzungen. Sind die Verletzten noch ansprechbar oder sind sie bewusstlos?
6	**Warten!**	Legen Sie nicht auf! Warten Sie auf Fragen!

die Notauf-
nahme, -n

a ☐ 💬 Wo sind Sie genau?

👂 Auf der Autobahn A2, zwischen Bielefeld und Hannover. Bei Kilometer 270.

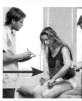

b ☐ 💬 Wie viele Personen haben sich verletzt?

👂 Dem Fahrer aus dem ersten Auto ist nichts passiert, aber im zweiten Auto sind noch zwei Personen.

der Patient, -en
die Patientin,
-nen

c ☐ 💬 Notrufzentrale, guten Tag. Sie sprechen mit Frau Meier. 💬 Bitte bleiben Sie ruhig.

👂 Hallo? Mein Name ist Anja Weber. Hier ist etwas passiert.

d ☐ 💬 Sind die Personen bewusstlos?

👂 Nein, aber die Fahrerin blutet und der Mann ist hilflos. Er ist kaum ansprechbar. Bitte kommen Sie schnell!

die Verletzung,
-en
sich verletzen

e ☐ 💬 Was ist genau passiert?

👂 Es gab hier einen Autounfall – mit zwei Autos.

f ☐ 💬 Ein Krankenwagen kommt sofort. Bitte legen Sie nicht auf.

sich (am Kopf)
stoßen

Wortbildung: Adjektive auf -los und -bar
bewusstlos = die Person ist **ohne** Bewusstsein
erreichbar = man **kann** die Person erreichen

das Blut (Sg.)
bluten

 c Lesen Sie den Dialog in der richtigen Reihenfolge zu zweit laut.
d Wählen Sie eine Situation in a und schreiben Sie zu zweit einen Notruf-Dialog. Spielen Sie den Dialog im Kurs.

(mit Eis) kühlen

* D: das Krankenhaus – A+CH auch: der/das Spital | D: der Krankenwagen – A: die Ambulanz

3 Im Krankenhaus

2.10 a Die Anmeldung. Hören Sie und ergänzen Sie das Formular.

| JOSEPH KRANKENHAUS BERLIN | NOTAUFNAHME |

Nachname   Vorname

Geburtsdatum   Adresse

Krankenkasse   Gesundheitskarte Nr.

Krankheiten: nein ☐ ja ☐ welche? _____

Operationen: nein ☐ ja ☐ welche? _____

Medikamente: nein ☐ ja ☐ welche? _____

Allergien: nein ☐ ja ☐ welche? _____

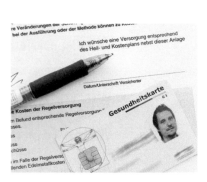

2.11 b Endlich bei der Ärztin. Was ist falsch? Hören Sie und streichen Sie durch.

1. Susis Kopf blutet *noch sehr / nicht mehr*.
2. Susi war *nicht / kurz* bewusstlos.
3. Sie hat *Kopfschmerzen / Augenschmerzen*.
4. Sie hat *eine leichte / eine schwere* Gehirnerschütterung.
5. Sie *muss im Krankenhaus bleiben / kann wieder nach Hause fahren*.
6. Susi muss morgen *arbeiten / viel schlafen*.
7. Die Schmerztabletten kann man in der Apotheke *ohne / mit* Rezept kaufen.

das Gehirn

2.11 c Ergänzen Sie die Redemittel. Hören Sie dann noch einmal und überprüfen Sie Ihre Lösung.

Dialoge beim Arzt führen

Ärztin/Arzt	Patientin/Patient
Was fehlt _____ _____ ?	Mir tut der Kopf/... weh. Ich habe Husten/ Schnupfen/Fieber/Grippe.
	Ich habe mich _____ /geschnitten.
Waren Sie _____ ?	Nein, aber ich habe _____ Kopf-/Bauch-
Ist Ihnen _____ geworden?	schmerzen. Ich habe Schmerzen in der Brust.
_____ maximal drei Tabletten täglich.	Muss ich _____ ?

d Dialoge beim Arzt. Wählen Sie eine Situation und schreiben Sie zu zweit einen Dialog. Spielen Sie den Dialog im Kurs.

Sie waren gestern Abend im Restaurant und haben seit gestern starke Bauchschmerzen.	Sie sind seit einer Woche stark erkältet und haben Schnupfen, Husten und Fieber.

4 Du solltest ...

a Susis Freundin ruft an. Was sagt Susi? Ergänzen Sie zu zweit.

💬 Hallo, Susi! Jana hier. Wie geht es dir?

👍 *Hallo, Jana! Leider nicht so gut. Ich war im ...*

💬 Was? Aber warum denn? Was ist denn passiert?

👍 _____

💬 Am Kopf? Oh je, das tut weh. Du Arme! Hast du eine Gehirnerschütterung?

👍 _____

💬 Dann solltest du eine Schmerztablette nehmen. Arno sollte zur Apotheke gehen.

👍 _____

💬 Okay. Gut, dass du Arno hast. Und was hat die Ärztin noch gesagt?

👍 _____

💬 Ja, du solltest auf jeden Fall im Bett bleiben. Kannst du fernsehen oder lesen?

👍 _____

💬 Das stimmt. Du solltest viel schlafen, dann geht es dir bestimmt bald besser. Und am Samstag kochen wir etwas zusammen. Was meinst du?

👍 _____

b Lesen Sie den Dialog zu zweit laut.

c Ratschläge mit *sollte-*.
Suchen Sie in a Ratschläge und ergänzen Sie den Grammatikkasten.

Ratschläge mit *sollte-*

ich	sollte	wir	sollten
du	_____	ihr	solltet
er/es/sie	_____	sie/Sie	sollten

d Was tun? Lesen Sie die Sätze und verbinden Sie. Geben Sie dann Ratschläge mit *sollte-*.

1. Mir ist so schlecht. Ich habe Bauschmerzen.
2. Mein Mann möchte abnehmen.
3. Ich glaube, sie ist bewusstlos!
4. Ich habe beim Lesen immer Kopfschmerzen.
5. Wir können abends schlecht einschlafen.

a Ruf 112 an!
b Trinkt doch abends warme Milch.
c Trink doch einen Kamillentee!
d Dann geh besser zum Augenarzt.
e Warum macht er nicht mehr Sport?

Wenn du Bauchschmerzen hast, solltest du ...

5 Kursspaziergang. Schreiben Sie ein „Problem" wie in 4d auf einen Zettel und kleben Sie ihn auf den Rücken von einer Partnerin / einem Partner. Sie/Er darf das „Problem" nicht sehen. Die anderen geben Ratschläge, er/sie muss das Problem erraten.

6 Rote Nasen

a Was denken Sie: Wo ist das? Was machen die Kinder und die Erwachsenen? Sprechen Sie im Kurs.

 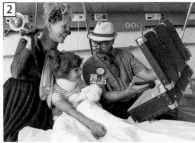 

b Lesen Sie den Artikel und überprüfen Sie Ihre Vermutungen in a.

http://www.rotenasen.at

ROTE NASEN

ROTE NASEN CLOWNDOCTORS

Die Idee
Man weiß schon sehr lange, dass Lachen kranken Menschen hilft. Wenn die Menschen lachen, geht es ihnen besser. Sie werden schneller gesund oder sie können besser mit der Krankheit leben.

Der Anfang
5 Der Universitätsprofessor Dr. Max H. Friedrich, Monica Culen und der Künstler Giora Seeliger haben den Verein *ROTE NASEN Clowndoctors* am 10. Februar 1994 in Österreich gegründet. Heute gibt es Partnerorganisationen in vielen osteuropäischen Ländern, in Deutschland, Palästina und Neuseeland.

Die Ausbildung
ROTE NASEN Clowndoctors sind keine ÄrztInnen. Als Clowns arbeiten KünstlerInnen mit einer speziel-
10 len Ausbildung. Der *ROTE NASEN*-Verein hat eine Schule gegründet – die „Internationale Schule für Humor" – und die Clowns machen hier ihre Ausbildung.

Im Krankenhaus
Ins Krankenhaus kommen immer zwei Clowns. Sie bekommen alle wichtigen Informationen über die Patienten von den Krankenpflegern. Danach gehen sie ins Krankenzimmer und müssen schnell
15 reagieren: Ist Besuch da? Kann der Besuch mitmachen? Wie geht es dem Kind oder den Kindern gerade? Die Clowns machen Späße, sie jonglieren oder machen Zaubertricks und natürlich singen sie und machen Musik. Wenn sie gehen, haben die Kinder ein Lächeln im Gesicht und ihre Augen leuchten.

c Was ist richtig? Lesen Sie noch einmal und kreuzen Sie an.

	richtig	falsch
1. Lachen ist gut für die Gesundheit.	☐	☐
2. Die ROTE NASEN Clowns gibt es in Deutschland nicht.	☐	☐
3. Ein Clowndoctor muss eine Ausbildung machen.	☐	☐
4. Die Krankenpfleger informieren die Clowndoctors.	☐	☐
5. Jeder Clowndoctor arbeitet allein.	☐	☐
6. Die Besucher dürfen nicht im Zimmer sein, wenn die Clowndoctors kommen.	☐	☐

d Würden Sie auch gern die Clowndoctor-Ausbildung machen? Warum (nicht)? Sprechen Sie im Kurs.

Alles klar!

Wichtige Sätze

einen Unfall / eine Verletzung beschreiben

Ich habe mich am Kopf gestoßen. Er/Sie hat sich in den Finger geschnitten.
Ich bin gefallen/gestürzt. Ich blute an der Hand / am Kopf. Ich war bewusstlos.

Er hatte einen Autounfall. Er musste ins Krankenhaus / zur Notaufnahme fahren.

einen Notruf machen

Wer?	Mein Name ist Anja Weber. Meine Nummer ist ...
Wo?	In der Müllerstraße 23. / Auf der Autobahn A2, zwischen Bielefeld und Hannover. Bei Kilometer 270.
Was?	Es brennt in der Küche. / Es gab einen Autounfall. / ...
Wie viele Verletzte?	Es gibt drei Verletzte.
Welche Verletzungen?	Eine Person ist bewusstlos und blutet, zwei Verletzte sind ansprechbar.

Dialoge beim Arzt führen

Ärztin/Arzt	Patientin/Patient
Was fehlt Ihnen denn?	Mir tut der Kopf / ... weh. Ich habe Husten/ Schnupfen/Fieber/Grippe.
	Ich habe mich gestoßen/geschnitten.
Waren Sie bewusstlos?	Nein, aber ich habe Kopf-/Bauchschmerzen.
Ist Ihnen schlecht geworden?	Ich habe Schmerzen in der Brust.
Nehmen Sie drei Tabletten täglich.	Muss ich Medikamente nehmen?

Ratschläge geben

Du solltest die 112 anrufen.	Er sollte mehr Sport machen.
Ihr solltet abends warme Milch trinken.	Du solltest im Bett bleiben.

Strukturen

Adjektive auf *-los*

bewusstlos = *ohne Bewusstsein*
hilflos = *ohne Hilfe*

Adjektive auf *-bar*

erreichbar = *man kann sie/ihn erreichen*
ansprechbar = *man kann sie/ihn ansprechen*

Ratschläge mit *sollte-*

ich	sollte	wir	sollten
du	solltest	ihr	solltet
er/es/sie	sollte	sie/Sie	sollten

► Phonetik, S. 142

Deutsch aktiv

1 Geschichten in drei Sätzen. Arbeiten Sie zu dritt. Wählen Sie aus einer Zeile ein Wort: Partnerin/Partner A aus A, Partnerin/Partner B aus B, Partnerin/Partner C aus C. Bilden Sie mit Ihrem Wort einen Satz und erfinden Sie gemeinsam eine Geschichte. Partnerin/Partner A fängt an.

> A sich stoßen – sich schneiden – sich kennenlernen – bluten – putzen – stürzen – sich verlieben – machen – helfen – Spaß haben – brennen – schreien – weinen – lachen

> B stark – ängstlich – klug – neugierig – erreichbar – bewusstlos – dumm – ehrlich – hilflos

> C das Krankenhaus – die Liebe – die Freundin / der Freund – der Krankenwagen – das Glück – der Notruf – der Unfall – das Auto – die Notaufnahme – die Freundschaft

> *Gestern habe ich mich am Kopf gestoßen.*

> *Das hat sehr wehgetan und ich war kurz bewusstlos.*

> *Dann ist meine Mutter mit mir ins Krankenhaus gefahren.*

2 Personen beschreiben. Sammeln Sie Namen von bekannten Personen oder Figuren und schreiben Sie sie auf Zettel. Ziehen Sie einen Namen und kleben Sie den Zettel einer Lernerin/einem Lerner auf die Stirn. Beschreiben Sie die Person/Figur, die Lernerin/der Lerner rät.

> *Du bist etwas dick.*

> *Du bist ein bisschen dumm, aber sehr witzig.*

> *Bin ich ...?*

3 Eine Freundschaftsgeschichte lesen. Ihre Partnerin/Ihr Partner liest den Text auf Seite 139 laut. Bringen Sie die Bilder in die richtige Reihenfolge. Tauschen Sie dann die Rollen.

Ihre Partnerin / Ihr Partner (S.139): ...

Sie: ... sind beide Lehrerinnen. Sie treffen sich sehr oft. Sie fahren auch immer gemeinsam in den Urlaub. Vor zwei Jahren waren sie zusammen in Argentinien. Dort haben sie die Brüder Emilio und Carlos kennengelernt. Die beiden sehen fast gleich aus, denn sie sind Zwillinge! Annemarie und Lena haben sich sofort verliebt und in zwei Monaten ist die Hochzeit – eine Doppelhochzeit. Wer heiratet wen? Das wissen nur ganz wenige Personen, weil „Annelena" es nicht sagen.

4 Ein Unglückstag. Arbeiten Sie zu zweit. Bilden Sie Sätze wie im Beispiel und kontrollieren Sie sich gegenseitig (grüne Sätze). Ihre Partnerin / Ihr Partner arbeitet auf Seite 140.

1. nach Hause fahren
2. Als ich vom Fahrrad gestürzt bin, …
3. nach Hause kommen
4. Als ich das Abendessen gekocht habe, …
5. ein Glas in den Schrank stellen
6. Als ich einen Freund angerufen habe, …

…, hatte ich einen Unfall.
sich am Kopf verletzen
…, habe ich den Kopf mit Eis gekühlt.
sich in den Finger schneiden
…, habe ich mich am Kopf gestoßen.
das Telefon kaputtgehen

Als ich nach Hause gefahren bin, …

…, hatte ich einen Unfall.

5 Ratschläge geben. Arbeiten Sie zu zweit. Geben Sie Ratschläge.

zum Zahnarzt gehen – ins Bett gehen – einen Regenschirm mitnehmen –
zur Notaufnahme fahren – sie/ihn zum Abendessen einladen – einkaufen gehen

Ich habe mich am Bein verletzt!

Du solltest zur Notaufnahme fahren.

6 In der Arztpraxis. Lesen Sie den Dialog zu zweit laut. Variieren Sie dann den Dialog.

der Rücken – der Zahn – das Auge – das Ohr – die Schulter – der Fuß

🗨 Guten Tag, Herr Albrecht. Was fehlt Ihnen denn?
🗨 Ach, mir tut alles weh.
🗨 Was denn genau?
🗨 Der Kopf, ich habe starke Kopfschmerzen.
🗨 Hmm, ich kann Ihnen ein sehr gutes Medikament geben.
🗨 Tabletten? Ach, wissen Sie, eigentlich sind die Kopfschmerzen nicht so schlimm. Aber die Bauchschmerzen …
🗨 Hmm, wo tut es denn weh? Hier? Ich denke, Sie sollten lieber ins Krankenhaus fahren. Ich …
🗨 Oh, ich glaube, ich habe vor allem Halsschmerzen.
🗨 Na, dann …

VI Panorama

⌖ 1 Radsportverein Salzburg

a Was passt zu den Bildern? Ordnen Sie zu. Sammeln Sie dann weitere Wörter.

---

eine Pause machen – einen Unfall haben – zusammen etwas unternehmen – vom Fahrrad fallen –
helfen – kaputt sein – den Notruf machen – eine Fahrradtour machen – in der Natur sein –
bei einem Wettkampf mitfahren – das Fahrrad reparieren – den Weg suchen

---

b Arbeiten Sie zu zweit. Beschreiben Sie ein Foto, Ihre Partnerin / Ihr Partner rät das Bild.

2.12 ◉ **c** Welche Fotos passen? Hören Sie und ordnen Sie zu. Zwei Fotos passen zu beiden Hörtexten.

2.12 ◉ **d** Zu welchem Text passen die Aussagen? Hören Sie noch einmal und kreuzen Sie an.

	Text 1	Text 2
1. Unsere ganze Familie ist Mitglied im Radsportverein.	☐	☐
2. Wenn etwas passiert, helfen die anderen.	☐	☐
3. Manchmal kann Fahrradfahren auch gefährlich sein.	☐	☐
4. Ich habe mich im Verein verliebt.	☐	☐

VI

2.12 ⊙ **e** Was kann man in einem Radsportverein machen? Hören Sie noch einmal und notieren Sie.

2 Einen Verein empfehlen. Geben Sie Ratschläge.

Was machen Sie gern? Fragen Sie Ihre Partnerin / Ihren Partner und machen Sie
Notizen. Wechseln Sie die Partnerin / den Partner. Überlegen Sie gemeinsam:
Welcher Verein passt für Ihre erste Partnerin / Ihren ersten Partner?
Sammeln Sie Ideen. Stellen Sie Ihr Ergebnis im Kurs vor und geben Sie Ratschläge.

Sprachclub – Wanderverein – Kegelverein – Lesegruppe – Kochverein – Sportverein – ...

*Alina liebt Bücher. Sie redet gerne mit anderen Menschen. Sie hat nur abends Zeit. Sie lebt
allein, deshalb möchte sie Leute kennenlernen. Sie sollte bei einer Lesegruppe mitmachen.*

1 Restaurants in Bremen

a Welches Restaurant passt? Lesen Sie und ordnen Sie die Restaurant-Namen zu.

b Was bieten die Restaurants an? Lesen Sie noch einmal und ergänzen Sie die Tabelle.

Restaurant	Was bietet man an?	Wie ist das Essen?
Bangkok	thailändische Gerichte	...

> Das Essen im Restaurant Bangkok ist ...

c In welches Restaurant gehen Anna, Ben und Chris? Hören Sie und sprechen Sie im Kurs. `2.13`

d Wer möchte was essen? Hören Sie noch einmal und kreuzen Sie an. `2.13`

	Anna	Ben	Chris
1. Er/Sie möchte etwas Kleines.	☐	☐	☐
2. Er/Sie möchte nichts Veganes.	☐	☐	☐
3. Er/Sie möchte etwas Scharfes.	☐	☐	☐
4. Er/Sie möchte etwas Süßes.	☐	☐	☐

■ über Essgewohnheiten sprechen – Vorlieben ausdrücken – ein Restaurant empfehlen – Essen/Gerichte – *etwas/nichts* + Nomen

13

2 Was essen Sie gern?

a *Etwas/Nichts* + Nomen. Lesen Sie den Grammatikkasten und unterstreichen Sie in 1d *etwas/nichts* + Nomen.

Adjektiv	***etwas/nichts* + Nomen**
klein	Ich möchte etwas Kleines.
scharf	Ich möchte nichts Scharfes.

b Was essen Sie gern, wenn Sie fernsehen? Schreiben Sie einen Satz. Benutzen Sie die Wörter aus der Bildleiste.

c Kursspaziergang. Fragen und antworten Sie.

> *Wenn ich fernsehe, esse ich etwas Salziges.*

> *Ich esse nichts Salziges.*
> *Ich esse lieber ...*

3 Restaurant-Empfehlungen

a Welches Restaurant in 1a passt? Lesen Sie und ergänzen Sie das Restaurant.

Gut essen in Bremen

★ ★ ★ ★ Wenn man die asiatische Küche mag, empfehle ich dieses Restaurant in der Nähe von der Altstadt. Ich mag nichts Scharfes, aber das grüne Hähnchencurry war perfekt: mild, aromatisch und lecker. Es gibt viele Reis- und Nudelgerichte und das Gemüse ist sehr frisch. Als Nachtisch empfehle ich das Mango-Eis – wunderbar! Achtung, wenn Sie eine Nuss-Allergie haben: In vielen Gerichten gibt es Erdnüsse.

b Lesen Sie noch einmal und beantworten Sie die Fragen.

1. Wie ist das Hähnchencurry?
2. Wie ist das Gemüse?
3. Was kann man als Nachtisch essen?
4. Wann sollte man hier nicht essen?

c Und Sie? Wo gehen Sie gern essen? Welches Restaurant können Sie empfehlen? Schreiben Sie eine Empfehlung für ein Restaurant in Ihrer Stadt.

d Mischen Sie alle Empfehlungen aus c. Arbeiten Sie zu zweit. Nehmen Sie zwei Empfehlungen und entscheiden Sie sich für ein Restaurant.

🔧 **ein Restaurant vorschlagen/empfehlen**
Mein Lieblingsrestaurant heißt ... Wenn man ... mag, empfehle ich ...
Als Hauptgericht/Beilage/Nachtisch empfehle ich ...
Ich würde gern in das Restaurant ... / zum Thailänder gehen. Dort gibt es ...

ablehnen	**zustimmen**
Ich möchte nichts Großes/...	Ja, gern! Das ist eine gute Idee.
Ich möchte lieber ...	Ja, ich möchte auch etwas ...
Ich esse kein Fleisch / keine Nüsse/...	Das klingt gut. Wir probieren es.
Ich habe eine ...-Allergie.	

süß

scharf

bitter

frisch

sauer

salzig

vegetarisch

vegan

4 Im Restaurant

a Was sehen Sie auf dem Foto? Sammeln Sie Wörter und beschreiben Sie. Die Bildleiste hilft.

Suppen & Vorspeisen	
Tomatensuppe	4,80 €
Garnelen mit Knoblauch	9,90 €
Käse mit Oliven	7,90 €
Hauptgericht	
Forelle vom Grill	18,90 €
Lammkotelett mit	
grünen Bohnen	21,50 €
Hähnchen mit Champignons	15,70 €
Steak	22,90 €
Beilagen	
Kartoffeln	3,00 €
Reis	4,00 €
Pommes frites	4,00 €
Nachtisch	
Vanilleeis mit Kirschen	5,50 €

2.14 **b** Was haben Susi und Arno bestellt? Hören Sie und markieren Sie auf der Speisekarte.

13

2.14 **c** Warum ärgern sich Susi und Arno? Hören Sie noch einmal und sprechen Sie im Kurs.

2.14 **d** Ordnen Sie die Dialoge. Hören Sie dann noch einmal und überprüfen Sie Ihre Lösung.

13

2
- 🗨 Haben Sie schon gewählt?
- 👍 Ja. Ich nehme die Garnelen als Vorspeise und dann das Lammkotelett mit Bohnen.
- 🗨 Gern, das Lammkotelett. Möchten Sie eine Beilage dazu?
- 👍 Ja, vielleicht. Welche Beilage würden Sie mir empfehlen?
- 🗨 Am besten passen Kartoffeln.

☐
- 👍 Guten Appetit! ... Schmeckt's?
- 👍 Na ja, es geht. Dieses Steak ist sehr trocken. Wie findest du dein Lammkotelett?
- 👍 Zu salzig. Und diese Bohnen sind bestimmt nicht frisch vom Markt. Aber dieser Wein – wie heißt er noch? – der ist wunderbar. Findest du nicht?

☐
- 🗨 Darf ich Ihnen etwas zu trinken bringen?
- 👍 Ja, zwei Glas Sekt, bitte.

☐
- 👍 Entschuldigung!
- 🗨 Ja? Ist etwas nicht in Ordnung?
- 👍 Ich glaube, die Rechnung stimmt nicht.
- 🗨 Oh! Das tut mir aber leid. Darf ich mal sehen?

☐
- 👍 Welchen Rotwein empfehlen Sie dazu?
- 🗨 Ich empfehle diesen Rotwein hier, den Lemberger. Er passt sehr gut zum Fleisch.

☐
- 🗨 So, hat's geschmeckt?
- 👍 Ja, sehr gut, danke. Und ich möchte zahlen, bitte.
- 🗨 Ja, sofort. ... So, bitte schön. Die Rechnung.
- 👍 Danke schön.

e Lesen Sie die Dialoge zu dritt laut.

■ im Restaurant bestellen und bezahlen – etwas reklamieren – Dinge im Restaurant – *welch-* und *dies-* (Nominativ, Akkusativ)

13

5 Welchen Rotwein? – Diesen Rotwein hier.

a Lesen Sie die Dialoge in 4d noch einmal und unterstreichen Sie *welch-* und *dies-*.
Ergänzen Sie den Grammatikkasten.

die Serviette, -n

welch-/dies-

	Nominativ		Akkusativ	
m	welcher / _____	Wein	_____ / diesen	Wein
n	welches / _____	Steak	welches / dieses	Steak
f	welche / diese	Beilage	_____ / diese	Beilage
Pl.	welche / _____	Bohnen	welche / diese	Bohnen

das Messer, -

b Was nehmen Sie? Fragen Sie. Zeigen und antworten Sie.

die Gabel, -n

Hauptgerichte
das Schnitzel 6,50 €
das Lammkotelett 9,80 €
das Hähnchen* 7,20 €

Beilagen
der Reis 2,00 €
das Kartoffelpüree 2,30 €
die Pommes frites 1,80 €

Gemüse
der Tomatensalat 2,70 €
die grünen Bohnen* 3,10 €
die Champignons 3,20 €

Welches Hauptgericht nimmst du? — *Dieses hier.* — *Ah, das Hähnchen.*

der Löffel, -

der Teller, -

 c Schreiben Sie zu dritt Dialoge im Restaurant. Spielen Sie die Dialoge im Kurs.

das Salz (Sg.)

im Restaurant bestellen – reklamieren – bezahlen

	Gast	Kellnerin/Kellner
bestellen	Können wir bestellen, bitte?	Ja, gern. Was darf es sein?
	Ich nehme ...	Haben Sie schon gewählt?
	Welchen Wein empfehlen Sie?	Ich empfehle Ihnen ...
	Welche Beilage passt zu ...?	Am besten passt ...
reklamieren	Entschuldigung, ... ist kalt /	Das tut mir leid.
	zu salzig / ...	Oh, Entschuldigung.
		Ich frage in der Küche.
bezahlen	Zahlen, bitte!	Sofort! Hier, die Rechnung.

*D: das Hähnchen – A: das Huhn / das Hendl – CH: das Poulet | D: die Bohne – A: die Fisole

der Pfeffer (Sg.)

der Essig (Sg.)

das Öl (Sg.)

6 Österreich – ein Land für Feinschmecker

a Zu welchen Absätzen passen die Überschriften? Lesen Sie und ordnen Sie zu.

Österreich ist Bio-Land – Gerichte mit Geschichte – Essen ist Identität – Regionale Spezialitäten

Österreich
ein Land für Feinschmecker

Kennen Sie den Satz „Man ist, was man isst."? Essen sagt viel über die eigene Familie, Kultur und Identität aus. Das gilt auch für Österreich und seine Küche. Die „internationale Küche" gibt
5 es auch dort, aber die Österreicherinnen und Österreicher lieben die gute alte Küche aus dem eigenen Land.

Bis 1918 war Österreich das Zentrum von einer internationalen Monarchie. Deshalb kommen
10 viele beliebte „österreichische" Gerichte – wie z. B. Gulasch, Knödel und Palatschinken* – aus Tschechien, Ungarn, Kroatien oder anderen

Ländern. Auch das berühmte Schnitzel kommt ursprünglich nicht aus Wien. Die ersten Schnitzel hat man in Norditalien gebraten. 15

Jede Region in Österreich hat ihre typischen Produkte und ihre eigene Küche. In jeder Region können Sie etwas Neues und Spezielles essen. Die Wachau zum Beispiel ist für ihre Marillen* bekannt und Wachauer Marillenknödel gehören 20 zu den beliebtesten Spezialitäten.

In Österreich gibt es ca. 20.000 Bio-Betriebe. Österreicherinnen und Österreicher kaufen gern Bio-Produkte, weil diese gesund und umweltfreundlich sind, gut schmecken – und die Menschen an ihre Kindheit erinnern. Zu wichtigen 25 Bio-Produkten aus Österreich gehören Brot und Gebäck, Eier, Milchprodukte und Erdäpfel*. Auch Bio-Weine sind sehr beliebt.

b Welche Wörter aus dem Text passen? Lesen Sie noch einmal und unterstreichen Sie.

1. Welche Länder haben zu der österreichischen Monarchie gehört?
2. Welche drei Wörter benutzt man in Deutschland nicht?
3. Welche fünf Gerichte sind für Österreich typisch?

c Arbeiten Sie zu zweit. Schreiben Sie zu jedem Absatz eine W-Frage. Tauschen Sie dann die Fragen und beantworten Sie sie.

d Wie ist die Küche in Ihrem Heimatland? Schreiben Sie einen kurzen Text.

Was ist typisch in Ihrer Region?   Was empfehlen Sie?   Was mögen Sie?

* A: die Palatschinke – D: der Pfannkuchen/Eierkuchen – CH: die Omelette | A: die Marille – D: die Aprikose | A: der Erdapfel – D: die Kartoffel

Alles klar!

Wichtige Sätze

über Essgewohnheiten sprechen / Vorlieben ausdrücken

Wenn ich fernsehe, esse ich gern etwas Salziges.
Mein Lieblingsrestaurant ist ...

Ich möchte nichts Scharfes.
Ich esse kein Fleisch / keinen Fisch / keine Nüsse.
Ich habe eine ...-Allergie.

ein Restaurant empfehlen/vorschlagen

Mein Lieblingsrestaurant heißt ... Wenn man ... mag, empfehle ich ...
Als Hauptgericht/Beilage/Nachtisch empfehle ich ...
Ich würde gern in das Restaurant ... / zum Thailänder gehen. Dort gibt es ...

ablehnen
Ich möchte nichts Großes/...
Ich möchte lieber ...
Ich esse kein Fleisch / keine Nüsse /...

zustimmen
Ja, gern! Das ist eine gute Idee.
Ja, ich möchte auch etwas ...
Das klingt gut. Wir probieren es.

im Restaurant bestellen – reklamieren – bezahlen

	Gast	**Kellnerin/Kellner**
bestellen	Können wir bestellen, bitte?	Ja, gern. Was darf es sein?
	Ich nehme ...	Haben Sie schon gewählt?
	Welchen Wein empfehlen Sie?	Ich empfehle Ihnen ...
	Welche Beilage passt zu ...?	Am besten passt ...
reklamieren	Entschuldigung, ... ist kalt / zu salzig /...	Das tut mir leid.
		Oh, Entschuldigung.
		Ich frage in der Küche.
bezahlen	Zahlen, bitte!	Sofort! Hier, die Rechnung.

Strukturen

etwas/nichts + Nomen

Adjektiv	***etwas/nichts* + Nomen**
klein	Ich möchte etwas Kleines.
scharf	Ich möchte nichts Scharfes.

welch-/dies-

	Nominativ	**Akkusativ**
m	welcher / dieser Wein	welchen / diesen Wein
n	welches / dieses Steak	welches / dieses Steak
f	welche / diese Beilage	welche / diese Beilage
Pl.	welche / diese Bohnen	welche / diese Bohnen

▶ Phonetik, S. 143

14 Einkaufswelt

style | 56

Herr Schuster meint ...

Am letzten Samstag war ich wieder einmal in einem Einkaufszentrum, weil ich eine Hose kaufen musste. Danach habe ich gemütlich einen Kaffee getrunken – und die Leute beobachtet. Was machen sie in einem
5 Einkaufszentrum? Wie shoppen sie? Das Ergebnis von meiner kleinen Studie ist klar: In Einkaufszentren gibt es nur zwei Menschentypen.

Zuerst die **Käufer**: Sie kommen vom Parkhaus und gehen mit schnellen Schritten in eine Boutique. Eine
10 Verkäuferin bringt ihnen verschiedene Hosen und Hemden. Sie probieren eine Hose in ihrer Größe an, nehmen dann gleich fünf Stück und gehen zur Kasse. An der Kasse kaufen sie noch zwanzig Paar Socken, bezahlen und gehen mit der großen Einkaufstüte
15 wieder zum Parkhaus. Am wichtigsten ist für die Käufer ein Parkplatz, der in der Nähe vom Geschäft liegt, und eine Verkäuferin, die schnell arbeitet.

Dann gibt es noch die **Shopper** – oder besser die Shopperinnen, denn es sind meistens Frauen. Sie
20 kommen oft zusammen mit einer guten Freundin. Sie brauchen vielleicht eine neue Hose, aber dann sehen sie interessante Schuhe und probieren sie an. Die beiden gehen in jede Boutique und verlassen sie oft – aber nicht immer – mit einer Einkaufstüte. Drei Stun-
25 den später waren sie in vielen kleinen Boutiquen und großen Geschäften und gehen mit zwölf Einkaufstüten in ein Café. Die Shopper wollen Verkäuferinnen, die persönlich beraten, und ein Einkaufszentrum, das viele verschiedene Geschäfte anbietet.

1 Kaufen oder shoppen?

a Welcher Weg passt zu Shoppern, welcher zu Käufern? Der blaue oder der grüne Weg? Lesen Sie und sprechen Sie im Kurs.

b Was machen Shopper anders als Käufer? Lesen sie noch einmal und notieren Sie.

c Sind Sie Shopper oder Käufer? Sprechen Sie im Kurs.

2 Leserbriefe

a Stimmen die Leser der Meinung von Herrn Schuster zu? Lesen Sie und kreuzen Sie an.

	stimmt zu	stimmt nicht zu
Markus Tanager	☐	☐
Elisa Nowak	☐	☐
Leyla Bach	☐	☐

b Warum stimmen sie (nicht) zu? Lesen Sie noch einmal und sprechen Sie im Kurs.

57 | style

Und Ihre Meinung? Leserbriefe

Sehr geehrter Herr Schuster,

Männer sind zielorientiert und rational, Frauen kaufen emotional ein und geben Geld sinnlos aus?!
5 Das ist doch Unsinn! Natürlich gehen Männer auch shoppen und geben oft richtig viel Geld aus – für „sinnlose" Dinge. Und ich kenne viele Frauen, die ratio-
10 nal einkaufen.

Mit freundlichen Grüßen
Markus Tanager

Sehr geehrter Herr Schuster!

Ich finde Ihren Artikel über die Einkaufstypen sehr gut. Ich denke, Sie haben das Verhalten von
5 Männern und Frauen sehr gut beschrieben. Ich habe den Artikel mit meinem Partner diskutiert. Er war froh, dass er nicht der einzige Mann ist, der Einkaufen
10 langweilig findet.

Viele Grüße
Elisa Nowak

Lieber Herr Schuster,

wenn ein Mann eine Hose kauft, braucht er vielleicht nicht viel Zeit. Aber waren Sie schon
5 einmal mit einem Mann in einem Baumarkt oder einem Elektromarkt? Dort wird der rationale Käufer sehr schnell zu einem emotionalen Shopper.

10 Mit freundlichen Grüßen
Leyla Bach

c Kaufen Männer rational und Frauen emotional ein? Was ist Ihre Meinung? Sprechen Sie im Kurs.

3 Relativsätze (Nominativ): Ein Parkplatz, der …

a Lesen Sie den Text in 1a noch einmal und ergänzen Sie die Sätze. Markieren Sie wie im Beispiel.

> **Relativsätze: Nominativ**
> Er möchte einen Parkplatz. Der Parkplatz liegt in der Nähe vom Geschäft.
>
> | | | **Satzende (Verb)** |
> |---|---|---|
> | Die Käufer möchten einen <u>Parkplatz</u>, | der | *in der Nähe vom Geschäft liegt* . |
> | Die Shopper brauchen ein Einkaufszentrum, | das | . |
> | Die Käufer möchten eine Verkäuferin, | die | . |
> | Die Shopper wollen Verkäuferinnen, | die | . |

b Und Sie? Was möchten Sie vor allem? Sprechen Sie im Kurs.

Ich möchte vor allem	ein Geschäft, einen Parkplatz, Verkäuferinnen, einen Freund, eine Freundin,	der das die die	gut beraten kann/können. in der Nähe liegt. nicht zu voll ist. auch Spaß am Einkaufen hat. interessante Produkte hat.

c Shopper und Käufer. Wer ist das? Schreiben Sie eine Definition.

> *Ein Shopper ist ein Mensch, der …*
> *Er möchte …*

4 Im Einkaufszentrum

a Wo kann man die Sachen aus der Bildleiste kaufen? Fragen und antworten Sie.

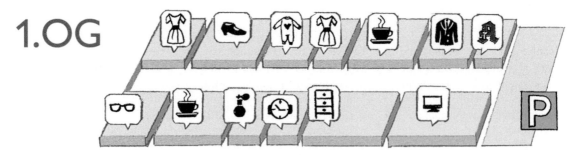

die Boutique – der Spielzeugladen – die Apotheke – das Schuhgeschäft – die Drogerie –
die Weinhandlung – das Schreibwarengeschäft – die Buchhandlung – die Bäckerei –
der Elektromarkt – der Optiker – die Kinderkleidung – das Uhrengeschäft – der Möbelladen

Wo kann man Parfüms kaufen?   *In der Drogerie – im ersten Stock links neben dem Uhrengeschäft.*

b Wo sind Tanja, Rudi und Laura? Hören Sie, ordnen Sie die Fotos und sprechen Sie im Kurs.

2.15

c Was wollen sie kaufen und was hat Rudi gekauft? Hören Sie noch einmal und notieren Sie.

Tanja und Laura: Rudi:

5 Relativsätze (Akkusativ): Wo ist der Laden, den …?

a Lesen Sie den Dialog. Ergänzen Sie den Grammatikkasten und markieren Sie wie im Beispiel.

🗨 Wo ist der Laden, den ich das letzte Mal gesehen habe? Weißt du, der Laden, der alles hat: Hosen, Hemden, Krawatten, Schuhe.

👍 Der ist im ersten Stock. Aber das tolle Geschäft mit Herrenmode, das ich kenne, ist hier im Erdgeschoss. Die haben immer schöne Sachen.

🗨 Okay, dann gucke* ich hier im Erdgeschoss. Und ihr? Wo gibt es Kleider für Mädchen?

👍 Hier, Kinderkleidung – im ersten Stock.

🗨 Okay, dann treffen wir uns in zwei Stunden auf der Bank, die wir gerade gesehen haben.

👍 Gut, bis dann. Viel Spaß!

🗨 Danke. Dir auch!

das Parfüm, -s

der Fotoapparat, -e

der Reiseführer, -

> **Relativsätze: Akkusativ**
> Der Laden ist hier im ersten Stock. Ich habe den Laden gesehen.
>
> | | | Satzende (Verb) |
> |---|---|---|
> | Wo ist der Laden, | ich | gesehen habe? |
> | Wir treffen uns auf der Bank, | wir gerade | gesehen haben. |
> | Ich möchte die Schuhe, die | ich gestern | gefunden habe. |
> | Das tolle Geschäft, | ich | kenne, ist im EG. |

das Spielzeug (Sg.)

die Zeitschrift, -en

b Lesen Sie den Dialog zu zweit laut. Variieren Sie dann den Dialog.
c Geben Sie Empfehlungen. Fragen und antworten Sie.

das Hutgeschäft – das Schuhgeschäft – die Buchhandlung – die Weinhandlung – das Fischgeschäft – der Teeladen – der Spielzeugladen – der Laden mit Souvenirs

die Creme, -s

Kannst du mir ein Hutgeschäft empfehlen?

Das beste Hutgeschäft, das ich kenne, ist in der Schillerstraße.

Kannst du mir einen Spielzeugladen empfehlen?

Der beste Spielzeugladen, den ich kenne, ist in Nürnberg.

die Kosmetik (Sg.)

das Jackett, -s

d Was ist Ihr Lieblingsgeschäft? Was gibt es dort? Wo ist es? Erzählen Sie.

interessant – toll – nah – günstig – hübsch – preiswert – …

Mein Lieblingsgeschäft ist … Dort gibt es …, die preiswert und interessant sind. Ich finde dort immer einen/ein/eine …, der/das/die mir gefällt.

die Krawatte, -n

die Schere, -n

*D: gucken, schauen – A: schauen

der Drucker, -

die Seife, -n

6 Besondere Einkaufsstraßen in Deutschland

a Was haben die Einkaufsstraßen gemeinsam? Was ist anders? Lesen Sie und notieren Sie Informationen zu den Fragen 1–4.

Mein Leben 08/17   21

Besondere Einkaufsstraßen in Deutschland

Egal, ob der Ku'Damm in Berlin, die Kö in Düsseldorf oder die Drosselgasse in Rüdesheim – fast jede große und kleine Stadt in Deutschland hat ihre Einkaufsstraße mit Kaufhäusern, Designer-
5 *Geschäften, aber auch kleinen Läden, die fast jeden Wunsch erfüllen. Wir stellen heute zwei besondere Einkaufsstraßen vor.*

Die Königsallee

Die Düsseldorfer nennen ihre Einkaufsstraße,
10 die schon über 200 Jahre alt ist, liebevoll die „Kö". Warum ist die Kö besonders? In der Einkaufsstraße, die nur ca. einen Kilometer lang ist, bummeln täglich mehr als 100.000 Menschen. Neben den Designer-Boutiquen, teuren Restau-
15 rants und Cafés trifft man hier auch ungewöhnliche Düsseldorfer, die in den großen Bäumen leben – die „Kö-Papageien". Vor allem abends und morgens versammeln sich die Vögel hier und machen viel Lärm. Ein Besuch auf der Kö
20 ist auf jeden Fall interessant – auch, wenn man dort nichts einkauft.

Die Drosselgasse

Sie ist nur drei Meter breit und 144 Meter lang, aber jedes Jahr bummeln hier über drei Millionen Besucher aus der ganzen Welt. Die Drossel- 25 gasse in Rüdesheim am Rhein ist eine besondere Einkaufsstraße. Hier kann man vor allem traditionelle Produkte aus Deutschland kaufen: Weine, Kuckucksuhren, Dirndl, Bier- und Weingläser. Die gemütlichen Weinlokale und Restau- 30 rants, die vor allem deutsche Spezialitäten anbieten, laden auch zum Tanzen mit Livemusik ein. Und die Speisekarten kann man hier auch auf Chinesisch oder Japanisch lesen.

1. Wie groß ist die Straße?
2. Was für Geschäfte gibt es? Was kann man dort kaufen?
3. Was für Lokale gibt es?
4. Was gibt es Besonderes?

1. Kö: ca. 1 km lang,
   100.000 Menschen täglich

b Welche Einkaufsstraße gibt es in Ihrer Stadt? Was gibt es Besonderes? Sprechen Sie im Kurs.

Alles klar!

Wichtige Sätze

über Shoppen und Einkaufen sprechen

Käufer kommen vom Parkhaus und gehen direkt in ein Geschäft. Am wichtigsten ist für sie ein Parkplatz, der in der Nähe vom Geschäft liegt, und eine Verkäuferin, die schnell arbeitet.

Shopper kommen oft zusammen mit einer guten Freundin. Sie wollen Verkäuferinnen, die persönlich beraten, und ein Einkaufszentrum, das viele verschiedene Geschäfte anbietet.

sich im Einkaufszentrum orientieren

Wo kann man ... kaufen?	In ... – im Erdgeschoss / ersten Stock rechts.
Wo ist der Laden, den ich das letzte Mal gesehen habe?	Der ist im Erdgeschoss. Aber das tolle Geschäft mit ... ist hier im ersten Stock.

Empfehlungen geben

Kannst du mir ein Hutgeschäft/... empfehlen?	Das beste Hutgeschäft/..., das ich kenne, ist in Nürnberg / in der Kantstraße.

über Einkaufsstraßen sprechen

Die Einkaufsstraße ist ... Meter breit und ... Meter lang. Hier kann man vor allem ... kaufen. Neben den Boutiquen trifft man hier / gibt es hier aber auch ...

Strukturen

Relativsätze: Nominativ

			Satzende (Verb)
Er möchte einen <u>Parkplatz</u>,	der	in der Nähe vom Geschäft	liegt.
Er braucht ein <u>Einkaufszentrum</u>,	das	viele Geschäfte	anbietet.
Er möchte eine <u>Verkäuferin</u>,	die	schnell	arbeitet.
Er will <u>Verkäuferinnen</u>,	die	persönlich	beraten.

Relativsätze: Akkusativ

			Satzende (Verb)	
Wo ist der <u>Laden</u>,	den	ich	gesehen habe?	
Wir treffen uns auf der <u>Bank</u>,	die	wir gerade	gesehen haben.	
Ich möchte die <u>Schuhe</u>,	die	ich gestern	gefunden habe.	
Das tolle <u>Geschäft</u>,	das	ich	kenne,	ist im EG.

Der Relativsatz steht bei dem Bezugswort, manchmal in der Mitte von einem Satz.

▶ Phonetik, S. 143

1 Such-Spiel. Es gibt neun Unterschiede. Suchen Sie und sprechen Sie zu zweit.

2 Kursspaziergang: Ein Geschäft empfehlen. Was suchen Sie? Was empfehlen Sie?
Schreiben Sie auf einen Zettel. Gehen Sie dann durch den Kursraum, fragen Sie und
empfehlen Sie wie im Beispiel.

schick – günstig – elegant – praktisch – lustig – komisch – interessant

> *Meine Tante hat Geburtstag und ich brauche ein Geschenk.*
> *Ich suche etwas Praktisches. Hast du eine Idee?*

> *Etwas Praktisches? Ja, ich kann dir ...*
> *empfehlen.*

3 Wo ist das Restaurant, das ...? Arbeiten Sie zu zweit. Ihre Partnerin/Ihr Partner
arbeitet auf Seite 139. Fragen Sie und ergänzen Sie Ihren Plan. Ihre Partnerin/Ihr
Partner kontrolliert und antwortet. Tauschen Sie dann die Rollen.

1	2 der Schuhladen	3 die Kneipe	4
10 das Fischgeschäft			5 das Einkaufszentrum
9	8 die Kantine	7	6

1. Du hast mir <u>das Restaurant</u> empfohlen.
2. <u>Das Parkhaus</u> liegt in der Nähe vom Einkaufszentrum.
3. Wir haben <u>den Elektromarkt</u> gestern gesehen.
4. <u>Die Boutique</u> hat bis 20 Uhr geöffnet.
5. <u>Das Café</u> hat Fruchteis ohne Milch.

> *Wo ist das Restaurant, das ...?*

> *Das Restaurant ist im*
> *Feld ...*

Ihre Partnerin/Ihr Partner fragt:
1. Wo ist der Schuhladen, der schöne Kinderschuhe hat?
2. Wo ist die Kantine, die vegetarische Suppen anbietet?
3. Wo ist das Fischgeschäft, das du toll findest?
4. Wo ist das Einkaufszentrum, das viele verschiedene Geschäfte hat?
5. Wo ist die Kneipe, die wir ausprobieren wollten?

4 Kurskette: Welcher? Dieser. Arbeiten Sie zu viert. Fragen und antworten Sie.

| 389 € | 39 € | | 798 € | 49 € | | 159 € | 19 € | | 59 € | 9,99 € |

| 99,90 € | 9,90 € | | 2.999 € | 199 € | | 45,90 € | 4,90 € | | 129,90 € | 15,90 € |

> *Welcher Hut gefällt dir?*

> *Dieser hier, aber der ist zu teuer. Ich nehme diesen Hut.*

5 Detektivspiel: Wer hat die Uhr gestohlen? Wer ist die Diebin/der Dieb?

a Lesen Sie Ihre Informationen und ergänzen Sie die Tabelle. Ihre Partnerin/Ihr Partner arbeitet auf Seite 140.

Partnerin/Partner A

	Hr. Weber	Fr. Klein	Fr. Becker	Fr. Fischer	Hr. Müller
Was hat sie/er gekauft?					
Was hat sie/er gegessen?					
Wie viele Einkaufstüten?					
Wohin ist sie/er gegangen?					

Sie haben die folgenden Informationen notiert:

> *Herr Müller hat einen Anzug gekauft und hatte nur eine Einkaufstüte.*
> *Herr Weber hat Bücher gekauft und ein Eis gegessen.*
> *Frau Klein hat drei Einkaufstüten getragen. Sie hat nichts gegessen.*
> *Frau Becker hat Kosmetik gekauft. Sie hat eine Einkaufstüte getragen.*
> *Die Person, die eine Currywurst gegessen hat, ist ins Café gegangen.*
> *Die Person, die Spielzeug gekauft hat, ist in den ersten Stock gefahren.*
> *Die Diebin/Der Dieb ist ins Parkhaus gegangen.*

b Arbeiten Sie zu zweit. Fragen und antworten Sie. Ergänzen Sie die Tabelle zu Ende und überlegen Sie: Wer ist die Diebin/der Dieb?

> *Wie heißt die Person, die eine Currywurst gegessen hat?*

VII Panorama

1 Landungsbrücken, Hamburg

1 Fischmarkt in Hamburg

a Was sehen Sie auf den Fotos? Sammeln Sie Wörter und sprechen Sie im Kurs.
b Ratespiel: Wo ist der/das/die ..., der/das/die ...? Fragen und antworten Sie.

> *Wo ist die Frau, die mit einer anderen Frau spricht?*

> *Die Frau, die mit einer anderen Frau spricht, ist ganz rechts auf Bild ...*

2 Ein Morgen von Herrn Petersen

a Was denken Sie: Wie sieht der Morgen von einem Fischverkäufer aus? Sprechen Sie im Kurs.
2.16 b Was macht Otto Petersen am Sonntagmorgen? Hören Sie und machen Sie Notizen.

3:00 Uhr: ...   9:30 Uhr:

4:00 Uhr: 10:00 Uhr:

VII

Fischmarkt, Hamburg

Fischmarkthalle, Hamburg

Fischmarkt, Hamburg

3 Fischrezepte

a Matjesbrötchen: Was braucht man? Lesen Sie das Rezept und schreiben Sie eine Einkaufsliste.

b Haben Sie ein Lieblingsrezept mit Fisch? Schreiben Sie die Zutaten und das Rezept. Arbeiten Sie mit einem Wörterbuch.

c Stellen Sie das Rezept im Kurs vor. Sammeln Sie alle Rezepte im Kurs-Kochbuch.

Unser Rezept der Woche:
Matjesbrötchen*

1. Brötchen in zwei Teile schneiden
2. Zwiebel in Scheiben schneiden
3. Salat, Matjesfilet und Zwiebel auf das Brötchen legen

Guten Appetit!

Zutaten für zwei Personen:
2 Fischfilets
50 ml Chilisoße
Öl für die Form
Man legt die Fischfilets in eine Form mit Öl und gibt die Chilisoße auf den Fisch.
Dann backt man den Fisch im Ofen bei 200 Grad ca. 15 Minuten. Fertig und sehr lecker!

*Matjes – saurer, salziger Hering

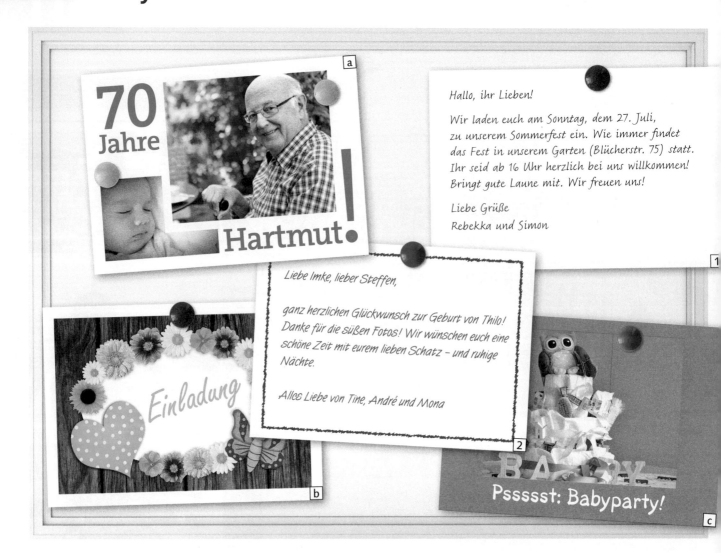

Hallo, ihr Lieben!

Wir laden euch am Sonntag, dem 27. Juli, zu unserem Sommerfest ein. Wie immer findet das Fest in unserem Garten (Blücherstr. 75) statt. Ihr seid ab 16 Uhr herzlich bei uns willkommen! Bringt gute Laune mit. Wir freuen uns!

Liebe Grüße
Rebekka und Simon

Liebe Imke, lieber Steffen,

ganz herzlichen Glückwunsch zur Geburt von Thilo! Danke für die süßen Fotos! Wir wünschen euch eine schöne Zeit mit eurem lieben Schatz – und ruhige Nächte.

Alles Liebe von Tine, André und Mona

Pssssst: Babyparty!

1 Einladungs- und Glückwunschkarten

a Welche Kartenseiten passen zusammen? Lesen Sie und ordnen Sie zu.
b Welches Fest? Wann? Wo? Lesen Sie die Karten noch einmal und notieren Sie die Termine.

		Juli
Freitag 18.	Samstag 19.	Sonntag 20.

		Juli
Freitag 25.	Samstag 26.	Sonntag 27.

c Eine Karte passt in b nicht. Warum? Sprechen Sie im Kurs.
d Welche Feste feiern Sie und Ihre Familie? Wie feiern Sie? Wie viele Personen laden Sie ein? Was essen Sie? Wo machen Sie das Fest? Gibt es Geschenke? Erzählen Sie.

2 Zu- und Absagen

2.17 a Welche Einladung in 1 passt? Hören Sie und ordnen Sie zu.

Nachricht 1: ☐   Nachricht 2: ☐

■ Einladungen/Glückwünsche aussprechen – über Feste sprechen – sich für eine Einladung bedanken, zusagen und absagen

Wir haben geheiratet!

4

Nina ist schwanger – und das feiern wir!
Aber pssst: Es ist eine Überraschung für Nina.

Wir treffen uns am
Sonntag, dem 20. Juli, um 14:30 Uhr
im Café Apfelbaum (Ermekeilstr. 36).

Tanja bastelt eine tolle Windeltorte.
Wer hat noch andere Ideen?

Liebe Grüße
Katharina

d

Ihr Lieben,

auch wenn ich es nicht glauben kann:
Ich feiere in diesem Jahr schon wieder
einen runden Geburtstag!
Ich möchte mit euch am Samstag,
dem 26. Juli, um 18 Uhr, bei mir zu Hause feiern.

Seid ihr dabei?

Wir haben am 24. Mai in Las Vegas geheiratet!

Und das möchten wir mit euch feiern:

am 19. Juli, ab 13 Uhr
in der Waldwirtschaft (Am Pützchen 37, 53119 Bonn).

Bitte sagt bis zum 15. Juni Bescheid,
ob ihr mit uns feiert.
Wir freuen uns auf einen schönen Tag mit euch!

Sandra und Peter

3

5

Zur Geburt

e

2.17 **b** Was ist richtig? Hören Sie noch einmal und kreuzen Sie an.

1. Warum sagt Imke ab?   a ☐ Weil sie zu einer Hochzeit fährt.   b ☐ Weil sie heiratet.
2. Warum kommt Steffen   a ☐ Weil er später aus München   b ☐ Weil sie zu dritt
   später?   zurückkommt.   kommen.

c Wählen Sie eine Einladung in 1 und machen Sie Notizen für eine Zu- oder Absage am Telefon.
Der Redemittelkasten hilft.

> **sich für eine Einladung bedanken**
> Danke für deine/eure Einladung! Ich habe mich sehr gefreut!
> Ich freue mich sehr, dass du mich eingeladen hast.
>
> **zusagen**
> Ich komme sehr gern / auf jeden Fall.
> Ich komme ein bisschen später zu dem
> Fest.
> Soll ich etwas mitbringen?
>
> **absagen**
> Ich würde sehr gern kommen, aber …
> Tut mir leid. Ich kann am … nicht kommen.
> Das finde ich sehr schade.
> Ich kann leider nicht mit dir feiern, aber ich
> gratuliere dir sehr herzlich!

d Sprechen Sie Ihre Nachricht und nehmen Sie sie mit Ihrem Smartphone auf.
e Auf welche Einladung haben Sie reagiert? Spielen Sie Ihre Nachricht im Kurs vor.
Die anderen raten.

3 Wie feierst du deinen Geburtstag?

2.18 **a** Welche zwei Fotos passen? Hören Sie und kreuzen Sie an.

2.18 **b** Welche Ideen gibt es für Rudis Geburtstagsfeier? Hören Sie noch einmal und kreuzen Sie an.
15

1. ☐ mit Kakao und Kuchen feiern
2. ☐ im Garten grillen
3. ☐ eine Stadt besichtigen
4. ☐ ins Schwimmbad gehen
5. ☐ Bowling spielen

6. ☐ ins Kino gehen
7. ☐ ein Picknick machen
8. ☐ eine Party in einer Kneipe machen
9. ☐ mit der Familie Spiele spielen
10. ☐ einen Ausflug mit einem Schiff machen

4 Eine Feier planen

a Was muss man für eine Party vorbereiten?
Sammeln Sie. Die Bildleiste hilft.

> *Man muss einen Raum mieten und...*

b Was denken Sie: Wie feiert Rudi seinen Geburtstag? Sammeln Sie Ideen im Kurs.
c Planen Sie zu zweit eine Überraschungsparty für Rudi. Erzählen Sie im Kurs.

Wo? Wann? Wie viele Gäste? Welche Gerichte und Getränke? Welches Programm?

5 Das Geburtstagsmuffel-Lied

a Was ist ein Geburtstagsmuffel? Lesen Sie und sprechen Sie im Kurs.

Warum soll ich feiern?

Die Musik war viel zu laut.

*Was soll das Feiern?
Das ist mir nicht klar.*

Mir geben die vielen Gäste den Rest.

*Die letzte Party war schrecklich öde.
Wo ist da der Sinn?*

2.19 **b** Welches Bild passt zu welcher Strophe? Hören Sie das Lied und ordnen Sie die Bilder.

in einer Kneipe*
feiern

2.19 **c** Hören Sie noch einmal und ergänzen Sie die Sätze.

zu der ich gefahren bin – mit denen sie feiert – von dem sie träumt –
zu dem sie viele Gäste einlädt

1. Meine Schwester macht fast jedes Jahr ein großes Fest,

_____ .

2. Sie hat für die Gäste, _____ , nicht wirklich Zeit.

3. Noch nie war eine Party wie das Fest, _____ .

4. Ihre letzte große Party, _____ , war schrecklich öde.

eine Musik-
anlage mieten

d Relativsätze mit Präposition. Unterstreichen Sie in c die Relativpronomen und
ergänzen Sie den Grammatikkasten.

Relativsätze mit Präposition			**Satzende (Verb)**
Meine Schwester macht ein <u>Fest</u>,	zu dem	sie viele Gäste	einlädt.
Sie hat keine Zeit für die <u>Gäste</u>,	mit denen	sie	feiert.

Relativpronomen im Dativ

m der Geburtstag, bei dem …   f die Party, zu _____ …

n das Fest, von _____ …   Pl. die Gäste, mit _____ …

einen DJ buchen

den Raum
dekorieren

e Ergänzen Sie die Sätze und schreiben Sie sie in Ihr Heft.

1. Das Fest, bei dem ich mich nie langweile, …
2. Der Geburtstag, von dem ich träume, …
3. Die Musik, zu der ich gern tanze, …
4. Die Freunde, mit denen ich gern feiere, …

Das Fest, bei dem ich mich nie langweile, ist unser Gartenfest.

den Tisch
decken

f Sprachschatten. Fragen und antworten Sie wie im Beispiel.

Das Fest, bei dem ich mich nie langweile, ist unser Gartenfest.

Ach so! Das Fest, bei dem du dich nie langweilst, ist euer Gartenfest? Das Fest, bei dem ich mich nie langweile, ist meine Geburtstagsparty.

das Geschirr
(Sg.)

das Besteck
(Sg.)

2.19 **g** Hören Sie das Lied noch einmal, lesen Sie auf Seite 151 und singen Sie mit.

* D: die Kneipe – A: das Lokal – CH: die Bar, die Beiz

die Band, -s

6 Der perfekte Plan für einen großen Tag

a Welche zwei Überschriften passen? Lesen Sie und kreuzen Sie an.

1. ☐ Heiraten wie die großen Stars
2. ☐ Sie heiraten? Ein Profi hilft.
3. ☐ Beruf: Hochzeitsplanerin
4. ☐ Meine Hochzeit

Wir stellen vor ...

Anna Siebert hat einen ungewöhnlichen Beruf. Sie organisiert den schönsten Tag im Leben für andere. Sie ist Hochzeitsplanerin, aber sie selbst ist noch nicht verheiratet.

Frau Siebert, Sie arbeiten seit zehn Jahren als Hochzeitsplanerin. Wie sehen die Hochzeiten aus, die Sie organisieren?

5 Oh, das ist sehr unterschiedlich. Die Paare, mit denen ich die Hochzeit zusammen plane, haben natürlich ihre eigenen Wünsche und Ideen. Es gibt Feiern mit 200 Gästen, 10 aber auch kleine Partys nur für die Familie und die besten Freunde. Einige heiraten ganz traditionell – in der Kirche. Andere heiraten in einem Luftballon oder in einer alten 15 Straßenbahn.

Was organisieren Sie denn alles? Bestellen Sie den Brautstrauß? Organisieren Sie die Limousine, mit der das Paar zum Standesamt 20 **fährt? Schmücken Sie die Tische?**

Schreiben Sie Kärtchen? Dekorieren Sie mit Blumen und Herzchen?

Ja, das alles – und noch vieles mehr. Ich spreche mit dem Braut-25 paar und dann schlage ich ein Thema für die Hochzeit vor. Ich kann alle Aufgaben übernehmen: Ich suche den richtigen Ort zum Feiern. Ich wähle das Essen, die Getränke, 30 die Musik und die Dekoration aus.

Und manchmal mache ich auch Vorschläge für die Kleidung – für die Braut und für den Bräutigam. In den letzten Jahren heiraten weniger 35 Paare in einem langen, weißen Kleid oder einem schwarzen Anzug. Heute gibt es viel mehr Möglichkeiten.

Mit Ihnen kann bei einer Hochzeit nichts mehr schiefgehen, oder?

40 Na ja, es gibt immer wieder mal eine Panne. Am letzten Samstag hat ein Bräutigam die Ringe vergessen. Einmal war der Wein nicht kalt, weil der Strom in der Nacht ausgefallen 45 ist. Vor zwei Wochen hat ein Gewitter das Festzelt am Abend vor der Feier kaputtgemacht. Aber für das Wetter bin ich zum Glück nicht verantwortlich!

> **Wortbildung: Nomen auf -chen und -lein**
> das Herz   das Herzchen / das Herzlein = ein kleines Herz
> die Karte   das Kärtchen / das Kärtlein = eine kleine Karte

b Welche Wörter aus dem Text passen? Ordnen Sie die markierten Wörter zu.

1. das Brautpaar = der _____ und die _____ ; sie heiraten

2. der _____ = die Blumen, die die Braut am Hochzeitstag trägt

3. das _____ = die Behörde, bei der man heiratet

4. der _____ = Schmuck, den das Brautpaar an der Hand trägt

5. die _____ = ein Problem; wenn etwas nicht so läuft, wie man es geplant hat

c Wie feiert man in Ihrem Land Hochzeiten? Erzählen Sie.

Wichtige Sätze

Einladungen/Glückwünsche aussprechen

Liebe/r...,
ich feiere bald meinen Geburtstag und
möchte dich gern einladen. Ich feiere
am ... um ... in ... Bring gute Laune mit!
Bitte sag bis zum ... Bescheid, ob du kommst.
Ich freue mich auf dich!
Liebe Grüße
...

Liebe/r ... / Ihr Lieben,
herzlichen Glückwunsch zur/zum ...
Ich wünsche dir/euch alles Gute /...
Alles Liebe von ...

sich für eine Einladung bedanken

Danke für deine/eure Einladung! Ich habe mich sehr gefreut!
Ich freue mich sehr, dass du mich eingeladen hast.

zusagen
Ich komme sehr gern / auf jeden
Fall zu dem Fest.
Ich komme ein bisschen später.
Soll ich etwas mitbringen?

absagen
Ich würde sehr gern kommen, aber ...
Tut mir leid. Ich kann am ... nicht kommen.
Das finde ich sehr schade.
Ich kann leider nicht mit dir feiern, aber ich
gratuliere dir sehr herzlich!

ein Fest/eine Feier planen

Was willst du an deinem Geburtstag machen? Du kannst Freunde einladen und
machst eine Party in einer Kneipe. Wir mieten einen Raum und du buchst einen DJ.

Strukturen

Relativsätze mit Präposition

Satzende (Verb)

Meine Schwester macht ein großes Fest, zu dem sie viele Gäste einlädt.

Sie hat keine Zeit für die Gäste, mit denen sie feiert.

Relativpronomen im Dativ

m der Geburtstag, bei dem ich war (*Ich war bei dem Geburtstag.*)
n das Fest, von dem sie träumt (*Sie träumt von dem Fest.*)
f die Party, zu der ich gefahren bin (*Ich bin zu der Party gefahren.*)
Pl. die Gäste, mit denen sie redet (*Sie redet mit den Gästen.*)

Wortbildung: Nomen auf *-chen* und *-lein*

das Herz   das Herzchen / das Herzlein = ein kleines Herz
die Karte   das Kärtchen / das Kärtlein = eine kleine Karte

▶ Phonetik, S. 143

der Umzug
der Künstler/die Künstlerin

das Feuer
jonglieren

die Band
der Sänger/die Sängerin

die Bühne
der Zuschauer/die Zuschauerin

1 Das Pflasterspektakel

a Was passiert auf den Fotos? Sammeln Sie Wörter und beschreiben Sie die Fotos.

> 1. der Umzug: im Umzug mitlaufen
> das Kostüm: ein Kostüm ...

> Auf Foto 1 gibt es einen Umzug,
> in dem Künstler mitlaufen. Sie tragen ...

b Was? Wo? Wie? Arbeiten Sie zu zweit. Lesen Sie den Text und notieren Sie Informationen zu Ihren Fragen. Fragen und antworten Sie dann.

29. Linzer 23.–25. Juli 2015
Pflasterspektakel
Internationales Straßenkunstfestival – international street art festival
Linzer Innenstadt | DO 16–23 Uhr, FR & SA 14–23 Uhr | www.pflasterspektakel.at

Willkommen beim 29. Pflasterspektakel!

300 KünstlerInnen aus über 30 Nationen kommen nach Linz – zum Straßenkunst-Festival mit Theater, Musik, Tanz, Zirkusartistik und Akrobatik. Wir freuen uns auf Ihren Besuch!

Warum gibt es keine Bühnen?

Wie der Name schon sagt: Straßenkunst ist Kunst, die direkt auf der Straße stattfindet. Die Vorstellungen finden an 40 Orten im Zentrum von Linz statt.

Hutgeld nicht vergessen!

Sie zahlen keinen Eintritt und die KünstlerInnen bekommen kein Honorar! Klatschen Sie deshalb viel. Und wenn Ihnen die Vorstellung gut gefallen hat, werfen Sie Geld in den Hut.

Programm

Aktuelle Tagesprogramme bekommen Sie an fünf Infoständen oder online unter www.pflasterspektakel.at. Das Pflasterspektakel beginnt am Donnerstag mit einem großen Umzug. **Für Tanzfans:** Am Freitag und Samstag gibt es auch Samba-Umzüge. **Für Musikfans:** An zwei Orten präsentieren MusikerInnen ein buntes Musikprogramm. **Die Theaterfans** können viele Artistik- und Straßentheater-Vorstellungen besuchen. **Für Familien:** Wir haben ein tolles Straßentheaterprogramm mit Clowns und AkrobatInnen. Das Zirkuszelt lädt zum Spiel, Spaß und Kindertheater ein.

Kultur   Linz verändert

Partnerin/Partner A

1. Wo findet das Pflasterspektakel in Linz statt?
2. Wo kann ich mich über das Festival informieren?
3. Was gibt es für die Leute, die sich für Theater interessieren?

Partnerin/Partner B

1. Wie viele Künstler nehmen teil?
2. Was kostet der Eintritt?
3. Was kann man machen, wenn man lateinamerikanische Musik mag?

> Was kostet der Eintritt?

> Nichts. Man soll ...

> Oh, das finde ich gut.

2 Interview mit Felix, einem Straßenkünstler

2.20 **a** Was fragen Susi und Rudi? Hören Sie und ordnen Sie die Fragen.

16

a ☐ Was machst du bei schlechtem Wetter?

b ☐ Warum ärgerst du dich?

c ☐ Was ist wichtig für den Erfolg, wenn man Straßenkünstler ist?

d ☐ Bist du vor einer Vorstellung nervös?

e ☐ Ist die Straßenkunst für dich ein Hobby oder ein Beruf?

f ☐ Wie oft trittst du auf?

g ☐ Was magst du an deinem Beruf am liebsten?

sich auf (den Film) freuen

2.20 **b** Welche Fragen aus a passen? Ordnen Sie zu. Hören Sie dann noch einmal und überprüfen Sie Ihre Lösung.

16

sich über (das Geld) freuen

1. ☐ Am Anfang war die Straßenkunst ein Hobby, dann ist das Hobby zum Beruf geworden.

2. ☐ Man muss gute Laune zeigen und freundlich sein. Gute Laune gehört auch zur Straßenkunst.

3. ☐ Ich ärgere mich nicht oft. Hmm, über einen leeren Kühlschrank, vielleicht?

4. ☐ Ich freue mich über Erfolge von Kindern, die ich trainiere. Und ich träume von einem eigenen kleinen Kinderzirkus.

sich über (die Musik) ärgern

c Verben mit Präpositionen: Ich freue mich über … Unterstreichen Sie die Verben mit Präpositionen in b und ergänzen Sie den Grammatikkasten.

> **Verben mit Präpositionen**
>
> | | | |
> |---|---|---|
> | sich ärgern ____ (Akk.) | warten auf (Akk.) | träumen ____ (Dat.) |
> | sich freuen ____ (Akk.) | sich freuen auf (Akk.) | gehören ____ (Dat.) |
> | sich informieren über (Akk.) | denken an (Akk.) | einladen zu (Dat.) |
> | sich interessieren für (Akk.) | | |

an (Musik) denken

d Sprachschatten: Ärgern oder freuen Sie sich über …? Sprechen Sie wie im Beispiel.

---
die laute Musik in der Disko – die vielen Zuschauer bei Karnevalsumzügen – das kalte Wetter – das Programm – die Straßenkünstler beim Pflasterspektakel
---

Ich ärgere mich über die laute Musik in der Disko.

Echt? Du ärgerst dich über die laute Musik in der Disko? Ich freue mich über die laute Musik.

sich für (Kunst) interessieren

auf (die Vorstellung) warten

e Blogeintrag: Straßenkunst. Welche Straßenkünstlerin / Welchen Straßenkünstler haben Sie in der letzten Zeit gesehen? Schreiben Sie einen Blogeintrag.

Wo war das? Was hat sie/er gemacht? Hat Ihnen die Vorstellung gefallen?

von (einem Oscar) träumen

3 Musikfestivals

a Wohin würden Sie gern gehen? Warum? Sprechen Sie im Kurs.

Ich würde gern zum OpenAir-Festival in Sankt Gallen fahren, weil ...

Ich mag ... Deshalb würde ich gern ...

2.21 b Zu welchem Festival gehen Max und Saskia? Hören Sie und kreuzen Sie in a an.

2.21 c Hören Sie noch einmal und schreiben Sie dann die Antworten.

1. Woran denkt Max?

   Er denkt

2. Worüber ärgert sich Saskia?

3. Wovon träumt Max?

4. Worüber hat er sich informiert?

5. Wofür interessiert sich Saskia?

6. Worauf freut sie sich?

4 Fragewörter mit *wo(r)-*: Worauf freut sie sich?

a Unterstreichen Sie die Fragewörter in 3 c. Ergänzen Sie den Grammatikkasten.

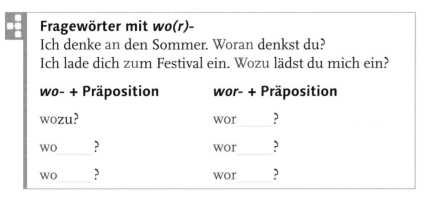

> **Fragewörter mit *wo(r)-***
> Ich denke an den Sommer. Woran denkst du?
> Ich lade dich zum Festival ein. Wozu lädst du mich ein?
>
> | *wo-* + Präposition | *wor-* + Präposition |
> | --- | --- |
> | wozu? | wor_____? |
> | wo_____? | wor_____? |
> | wo_____? | wor_____? |

b Schreiben Sie eine Frage und eine Antwort auf die Vorder- und die Rückseite von einem Zettel.

sich freuen auf – sich freuen über – denken an – sich ärgern über – träumen von –
sich interessieren für – warten auf – sich informieren über

Worauf freust du dich?

Ich freue mich auf das Wochenende.

c Kursspaziergang. Gehen Sie durch den Kursraum. Zeigen Sie Ihrer Partnerin / Ihrem Partner nur die Antwort. Ihre Partnerin / Ihr Partner fragt, Sie antworten. Kontrollieren Sie sich gegenseitig.

Worauf freust du dich?

Ich freue mich auf das Wochenende.

 5 Meine Musikinteressen. Wofür interessieren Sie sich? Machen Sie Notizen und erzählen Sie im Kurs.

> **seine Musikinteressen beschreiben**
> Ich höre gern … Ich interessiere mich für …
> Mein Lieblingssänger/-musiker/-orchester ist …
> Meine Lieblingssängerin/-musikerin/-band ist …
> Ich gehe oft/manchmal/selten/nie zu Festivals*/ins Konzert.
> Ich würde gern zum …-Festival gehen/fahren.
> Ich spiele selbst … Ich singe auch in einer Band.

* D: zum/auf das Festival gehen – CH: an das Festival gehen

6 Kühlschrankpoesie: zwei Gedichte

a Wohin gehören die Wörter? Lesen Sie und ergänzen Sie.

b Zu welchen Panorama-Seiten passen die Gedichte? Suchen Sie im Kursbuch.
c Und jetzt Sie! Wählen Sie eine Panorama-Seite und schneiden Sie auf Seiten 153 bis 160
   passende Wörter aus. Schreiben Sie zu viert ein Kühlschrankgedicht. Hängen Sie die Gedichte
   im Kursraum auf und lesen Sie sie laut vor.

Wichtige Sätze

ein Veranstaltungsprogramm verstehen

Das Festival findet vom ... bis zum ... in ... statt.
Man kann sich über das Festival an Infoständen informieren. Künstlerinnen und Künstler aus 30 Nationen nehmen teil und es gibt viele Bühnen. Man muss keinen Eintritt bezahlen. Man kann den Künstlern Geld in einen Hut werfen.

von einer Veranstaltung erzählen

Ich habe am Wochenende einen Straßenkünstler gesehen, der mit Feuer jongliert hat. Das war toll und spannend! Nur über das schlechte Wetter habe ich mich ein bisschen geärgert, es hat fast die ganze Zeit geregnet.

seine Musikinteressen beschreiben

Ich höre gern ... Ich interessiere mich für ...
Mein Lieblingssänger/-musiker/-orchester ist ...
Meine Lieblingssängerin/-musikerin/-band ist ...
Ich gehe oft/manchmal/selten/nie zu Festivals / ins Konzert.
Ich würde gern zum ...-Festival gehen/fahren.
Ich spiele selbst ... Ich singe auch in einer Band.

Strukturen

Verben mit Präpositionen

sich ärgern über (Akk.)	warten auf (Akk.)	träumen von (Dat.)
sich freuen über (Akk.)	sich freuen auf (Akk.)	einladen zu (Dat.)
sich informieren über (Akk.)	denken an (Akk.)	gehören zu (Dat.)
sich interessieren für (Akk.)		

Fragewörter mit *wo(r)-*

Ich denke an den Sommer. Woran denkst du?
Ich lade dich zum Festival ein. Wozu lädst du mich ein?

wo- + Präposition	*wor-* + Präposition
wozu?	woran?
wovon?	worüber?
wofür?	worauf?

Wenn die Präposition mit einem Vokal beginnt, ergänzt man ein r.

▶ Phonetik, S. 143

Deutsch aktiv

1 Einladungen. Arbeiten Sie zu zweit. Ihre Partnerin/Ihr Partner arbeitet auf Seite 141. Fragen Sie, Ihre Partnerin/Ihr Partner antwortet. Ergänzen Sie Ihre Einladung. Tauschen Sie dann die Rollen.

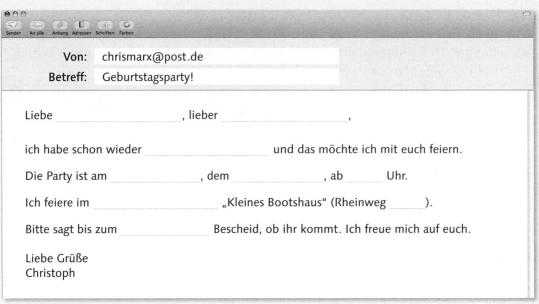

Von: chrismarx@post.de

Betreff: Geburtstagsparty!

Liebe _____, lieber _____,

ich habe schon wieder _____ und das möchte ich mit euch feiern.

Die Party ist am _____, dem _____, ab _____ Uhr.

Ich feiere im _____ „Kleines Bootshaus" (Rheinweg _____).

Bitte sagt bis zum _____ Bescheid, ob ihr kommt. Ich freue mich auf euch.

Liebe Grüße
Christoph

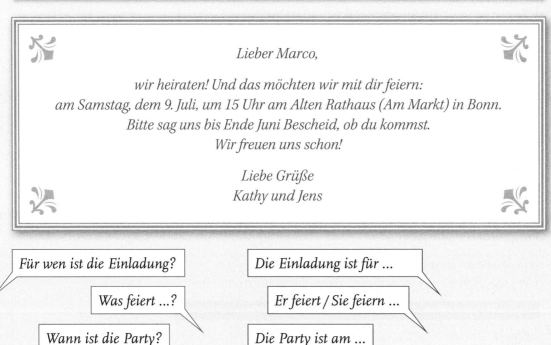

Lieber Marco,

wir heiraten! Und das möchten wir mit dir feiern:
am Samstag, dem 9. Juli, um 15 Uhr am Alten Rathaus (Am Markt) in Bonn.
Bitte sag uns bis Ende Juni Bescheid, ob du kommst.
Wir freuen uns schon!

Liebe Grüße
Kathy und Jens

Für wen ist die Einladung?

Die Einladung ist für ...

Was feiert ...?

Er feiert / Sie feiern ...

Wann ist die Party?

Die Party ist am ...

2 Kurskette: zu- oder absagen. Arbeiten Sie zu dritt. Fragen und antworten Sie. Person 1 stellt die Frage, Person 2 würfelt, antwortet und fragt Person 3 usw. Die Antwort muss mindestens drei Wörter lang sein.

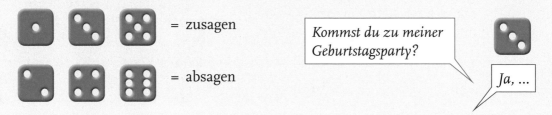

= zusagen

= absagen

Kommst du zu meiner Geburtstagsparty?

Ja, ...

3 Wählen Sie ein Bild. Was erzählt eine Person über die Geburtstagsfeier? Machen Sie Notizen und erzählen Sie im Kurs. Die anderen raten: Welches Bild haben Sie gewählt?

4 Kursspaziergang

a Schreiben Sie eine Frage zum Thema Musik auf einen Zettel.

> Welche Musik ...?

> Wie heißt dein/e Lieblings...?

b Gehen Sie durch den Raum. Fragen und antworten Sie. Tauschen Sie dann Ihre Zettel. Suchen Sie eine neue Partnerin / einen neuen Partner.

5 Wie, bitte? Wo(r)...?

a Schreiben Sie Sätze mit *ich*.

sich ärgern über – denken an – sich freuen auf –
sich freuen über – sich interessieren für –
sich informieren über – träumen von – warten auf

Ich ärgere mich über das Wetter.

b Arbeiten Sie zu zweit. Sprechen Sie wie im Beispiel.

Ich ärgere mich über das Wetter.

Wie, bitte? Worüber ärgerst du dich?

Über das Wetter.

6 Das war total verrückt! Erzählen Sie im Kurs zusammen die Geschichte von einer verrückten Veranstaltung. Jede Person sagt nur einen Satz und wählt dann die nächste Person, die weiter-erzählt. Die jüngste Person im Kurs beginnt.

Wir waren gestern auf einem Straßenfest.

Ja, wir haben ...

2

3

1 Sechseläuten in Zürich

⊙ **1** Sechseläuten – Sächsilüüte

a Welche Wörter kennen Sie schon? Ordnen Sie zu und sammeln Sie zu zweit weitere Wörter zu den Fotos. Vergleichen Sie dann im Kurs.

verbrennen – das Pferd – reiten – der Reiter – der Schneemann – die Uniform – die Kutsche – die Fahne – die Trommel

Foto 1: *das Kostüm – ein Kostüm tragen, das Feuer, ...*
Foto 2: *der Umzug – im Umzug mitlaufen, ...*

Das Wort verbrennen *passt zu Foto ...*

b Was passiert auf den Fotos? Beschreiben Sie die Fotos.
c Was denken Sie: Was für ein Fest ist das Sechseläuten? Lesen Sie und kreuzen Sie an.

1. ☐ Das Sechseläuten (schweiz. Sächsilüüte) ist ein schweizerisches Musikfest, bei dem sich viele Bands in Zürich treffen und ab 18 Uhr bis in die Nacht auf den Straßen spielen.
2. ☐ Das Sechseläuten (schweiz. Sächsilüüte) ist ein Frühlingsfest in Zürich, bei dem sich die Zürcher vom Winter verabschieden.

d Lesen Sie den Text und überprüfen Sie Ihre Vermutung in c.

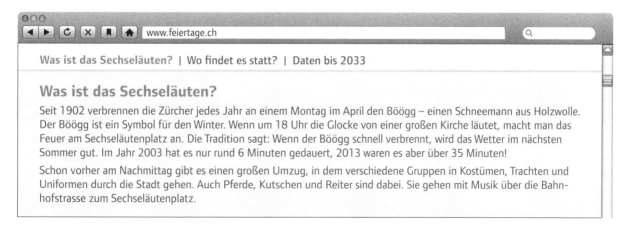

www.feiertage.ch

Was ist das Sechseläuten? | Wo findet es statt? | Daten bis 2033

Was ist das Sechseläuten?

Seit 1902 verbrennen die Zürcher jedes Jahr an einem Montag im April den Böögg – einen Schneemann aus Holzwolle. Der Böögg ist ein Symbol für den Winter. Wenn um 18 Uhr die Glocke von einer großen Kirche läutet, macht man das Feuer am Sechseläutenplatz an. Die Tradition sagt: Wenn der Böögg schnell verbrennt, wird das Wetter im nächsten Sommer gut. Im Jahr 2003 hat es nur rund 6 Minuten gedauert, 2013 waren es aber über 35 Minuten!

Schon vorher am Nachmittag gibt es einen großen Umzug, in dem verschiedene Gruppen in Kostümen, Trachten und Uniformen durch die Stadt gehen. Auch Pferde, Kutschen und Reiter sind dabei. Sie gehen mit Musik über die Bahnhofstrasse zum Sechseläutenplatz.

e Wann? Wo? Was? Lesen Sie noch einmal und machen Sie Notizen. Berichten Sie dann im Kurs.

2 Kennen Sie ein Frühlingsfest? Wann und wo findet es statt? Was passiert da? Schreiben Sie einen Text und recherchieren Sie ein Foto dazu. Stellen Sie das Fest im Kurs vor.

Partnerseiten

Deutsch aktiv 9/10, Übung 2

2 Wenn …, dann …

a Am Computer. Sprechen Sie zu zweit wie im Beispiel.

| löschen | öffnen | speichern | senden | weiterleiten | ausdrucken | schließen |

1. eine E-Mail zu Ende lesen
2. eine E-Mail mit vielen wichtigen Informationen bekommen
3. eine E-Mail von einer unbekannten Person bekommen
4. eine E-Mail nicht fertig haben und zu einem Termin gehen

> *Wenn du eine E-Mail zu Ende gelesen hast, …*

> *…, dann schließe ich die E-Mail.*

Deutsch aktiv 9/10, Übung 5a

5 Eine E-Mail-Anfrage

a Arbeiten Sie zu zweit. Lesen Sie die E-Mail zu zweit laut (Partnerin/Partner A fängt an).

Partnerin/Partner B

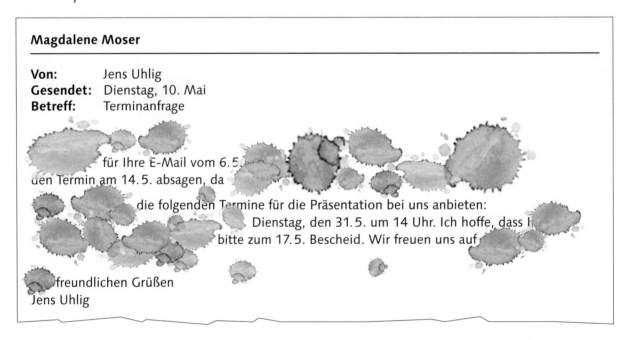

Magdalene Moser

Von: Jens Uhlig
Gesendet: Dienstag, 10. Mai
Betreff: Terminanfrage

… für Ihre E-Mail vom 6.5… den Termin am 14.5. absagen, da … die folgenden Termine für die Präsentation bei uns anbieten: … Dienstag, den 31.5. um 14 Uhr. Ich hoffe, dass I… bitte zum 17.5. Bescheid. Wir freuen uns auf …

… freundlichen Grüßen
Jens Uhlig

Deutsch aktiv 11/12, Übung 3

3 Eine Freundschaftsgeschichte lesen. Lesen Sie den Text laut. Ihre Partnerin / Ihr
Partner bringt die Bilder in die richtige Reihenfolge. Tauschen Sie dann die Rollen.

> **Sie:** Annemarie und Lena haben sich schon im Kindergarten kennengelernt. Sie haben
> immer zusammen gespielt und sind später auch zusammen zur Schule gegangen. Die
> anderen Kinder haben sie immer „Annelena" gerufen, weil sie immer zu zweit waren. Nach
> dem Abitur hat Annemarie Englisch und Sport studiert, Lena hat Spanisch und Kunst
> studiert. Heute ...

Ihre Partnerin / Ihr Partner (S. 102): ...

Deutsch aktiv 13/14, Übung 3

3 Wo ist das Restaurant, das ...? Arbeiten Sie zu zweit. Ihre Partnerin / Ihr Partner fragt
und ergänzt den Plan. Sie kontrollieren und antworten. Tauschen Sie dann die Rollen.

1 das Restaurant	2	3	4 die Boutique
10			5
9 das Parkhaus	8	7 der Elektromarkt	6 das Café

1. <u>Der Schuhladen</u> hat schöne Kinderschuhe.
2. <u>Die Kantine</u> bietet vegetarische Suppen an.
3. Du findest <u>das Fischgeschäft</u> toll.
4. <u>Das Einkaufszentrum</u> hat viele verschiedene Geschäfte.
5. Wir wollten <u>die Kneipe</u> ausprobieren.

> *Wo ist der Schuhladen, der ...?*

> *Der Schuhladen ist im Feld ...*

Ihre Partnerin / Ihr Partner fragt:
1. Wo ist das Restaurant, das du mir empfohlen hast?
2. Wo ist das Parkhaus, das in der Nähe vom Einkaufszentrum liegt?
3. Wo ist der Elektromarkt, den wir gestern gesehen haben?
4. Wo ist die Boutique, die bis 20 Uhr geöffnet hat?
5. Wo ist das Café, das Fruchteis ohne Milch hat?

Deutsch aktiv 11/12, Übung 4

4 Ein Unglückstag. Bilden Sie Sätze wie im Beispiel und kontrollieren Sie sich gegenseitig (grüne Sätze).

1. Als ich nach Hause gefahren bin, ...
2. vom Fahrrad stürzen
3. Als ich nach Hause gekommen bin, ...
4. das Abendessen kochen
5. Als ich ein Glas in den Schrank gestellt habe, ...
6. einen Freund anrufen

einen Unfall haben
..., habe ich mich am Kopf verletzt.
den Kopf mit Eis kühlen
..., habe ich mich in den Finger geschnitten.
sich am Kopf stoßen
..., ist das Telefon kaputtgegangen.

Als ich nach Hause gefahren bin, ...

..., hatte ich einen Unfall.

Deutsch aktiv 13/14, Übung 5a + b

5 Detektivspiel: Wer hat die Uhr gestohlen? Wer ist die Diebin / der Dieb?

a Lesen Sie Ihre Informationen und ergänzen Sie die Tabelle.

Partnerin/Partner B

	Hr. Weber	Fr. Klein	Fr. Becker	Fr. Fischer	Hr. Müller
Was hat sie/er gekauft?					
Was hat sie/er gegessen?					
Wie viele Einkaufstüten?					
Wohin ist sie/er gegangen?					

Sie haben die folgenden Informationen notiert:

Herr Müller hat eine Currywurst gegessen.
Frau Becker und eine andere Person sind ins Parkhaus gegangen.
Zwei Personen haben ein Eis gegessen, aber Frau Becker hat ein Hähnchen gegessen.
Herr Weber und Frau Fischer hatten zwei Einkaufstüten.
Die Person, die Bücher gekauft hat, ist zur Toilette gegangen.
Frau Klein hat Spielzeug gekauft.
Die Diebin/Der Dieb hat Schuhe gekauft.

b Arbeiten Sie zu zweit. Fragen und antworten Sie. Ergänzen Sie die Tabelle zu Ende und überlegen Sie: Wer ist die Diebin / der Dieb?

Wie heißt die Person, die Bücher gekauft hat?

1 Einladungen. Arbeiten Sie zu zweit. Ihre Partnerin/Ihr Partner fragt, Sie antworten. Tauschen Sie dann die Rollen und ergänzen Sie Ihre Einladung.

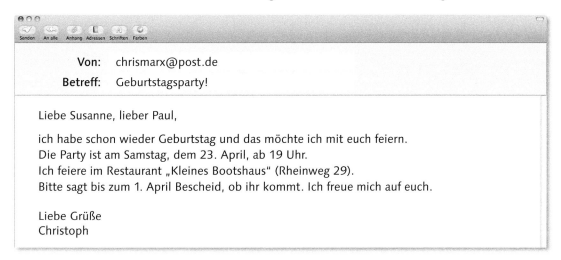

Von: chrismarx@post.de
Betreff: Geburtstagsparty!

Liebe Susanne, lieber Paul,

ich habe schon wieder Geburtstag und das möchte ich mit euch feiern.
Die Party ist am Samstag, dem 23. April, ab 19 Uhr.
Ich feiere im Restaurant „Kleines Bootshaus" (Rheinweg 29).
Bitte sagt bis zum 1. April Bescheid, ob ihr kommt. Ich freue mich auf euch.

Liebe Grüße
Christoph

Lieber _____ ,

wir _____ *! Und das möchten wir mit dir feiern:*

am _____ *, dem* _____ *, um* _____

am Alten _____ *(Am* _____ *) in Bonn.*

Bitte sag uns bis _____ _____ *Bescheid, ob du kommst.*

Wir freuen uns schon!

Liebe Grüße
Kathy und Jens

Für wen ist die Einladung?

Die Einladung ist für ...

Was feiert ...?

Er feiert / Sie feiern ...

Wann ist die Party?

Die Party ist am ...

Phonetik

Einheit 9: Wiederholung lange und kurze Vokale

2.22

1 Kurz oder lang? Hören Sie, sprechen Sie nach und markieren Sie den Wortakzent mit . oder _.
verschieben – nehmen – die Treppe – die Uhr – doppelt – drucken – aktuell – erzählen –
kaputt – öffnen – schließen – ohne – grüßen – bezahlen

2 Lesen Sie und ergänzen Sie die Regel.

kurz – lang – lang

Einen Vokal + *h* (*ah, eh, ieh, oh, uh, äh, öh, üh*) spricht man _____ .

Einen Vokal vor einem *ß* spricht man _____ .

Einen Vokal vor einem Doppelkonsonanten (*ck, tt, pp, nn, ss* ...) spricht man _____ .

Für viele Wörter gibt es keine Regel. Man muss das Wort mit dem Wortakzent und mit der Vokallänge lernen.

2.23

3 Hören Sie und sprechen Sie nach.
der Termin – das Problem – das Büro – abstürzen – löschen – der Kollege – der Kunde –
die Hilfe – das Gehalt – sich wundern – die Verspätung

Einheit 10: Englische Wörter im Deutschen

2.24

1 Hören Sie und sprechen Sie nach.
das Smartphone – das Display – die Prepaid-Karte – die Flatrate – surfen – die GPS-Funktion –
die Smartwatch – die App – das E-Book

Einheit 11: *ei, eu/äu* und *au*

2.25

1 Hören Sie und sprechen Sie nach.

ei = [ai]:	die Zeitschrift – weinen – schreien – leidtun – teilen
eu/äu = [ɔy]:	der Freund – die Freundschaft – neugierig – heute
	er läuft – die Verkäuferin – die Häuser
au = [au]:	das Zuhause – der Applaus – der Schauspieler – auch – draußen

Einheit 12: *s*

2.26

1 Hören Sie und sprechen Sie nach.

s = [z]:	Susi – sie – sollten – sind – sechs – sofort – gesund
	Sie sollten fernsehen oder lesen.
s/ss = [s]:	das Eis – bewusstlos – müssen – passieren
	Was ist passiert?

2 Was ist falsch? Lesen Sie und streichen Sie durch.
Das *s* spricht man am Silbenanfang *als* [z] / *als* [s].

* A + CH + süddt.: *-ig* = [-ik]

Einheit 13: Endungen hören

2.27 **1** Hören Sie und sprechen Sie nach. Achten Sie auf die Endungen.
etwas Scharfes – etwas Kleines – etwas Asiatisches

Welchen Wein möchten Sie? – Diesen.
Welches Gericht möchten Sie? – Dieses.
Welche Beilage möchten Sie? – Diese.

2.28 **2** Welche Antwort passt? Hören Sie und kreuzen Sie an.
1. ☐ dieser   ☐ diese
2. ☐ dieser   ☐ diesen
3. ☐ diese   ☐ dieses
4. ☐ dieser   ☐ dieses

Einheit 14: Französische Wörter im Deutschen

2.29 **1** Hören Sie und sprechen Sie nach.
die Boutique – das Café – die Toilette – das Jackett – das Parfüm – das Souvenir

Einheit 15: Wiederholung *r* und *l*

2.30 **1** Hören Sie und sprechen Sie nach.
r = [r]: die Braut – der Bräutigam – der Brautstrauß – träumen – die Freunde
r = [ɐ]: der Geburtstag – feiern – die Party – dauern – leider

l: sich wohlfühlen – laut – lange – das Kleid – der Glückwunsch – auf jeden Fall

2.31 **2** Ein Zungenbrecher. Hören Sie. Sprechen Sie
dann langsam und schnell.
Brautkleid bleibt Brautkleid und
Blaukraut bleibt Blaukraut.

Einheit 16: *ä* und *e*

2.32 **1** Hören Sie und sprechen Sie nach.
ä/e kurz = [ɛ]: der Sänger – sich ärgern – das Festival – das Geld – das Wetter
ä lang = [ɛː]:   erzählen – wählen – später – das Mädchen
e lang = [eː]:   regnen – gehen – leer – unterwegs

2.33 **2** Lang oder kurz? Hören Sie, sprechen Sie nach und markieren Sie mit ˌ oder _.
selten – das Konzert – lesen – selbst – verstehen – geben

Buchstaben und Laute

Buchstabe(n)	Laut	Beispiel
a, aa, ah	[aː], [a]	der Abend, ein paar, fahren, wann
ä	[ɛː], [ɛ]	der Käse, die Städte
ai	[ai]	der Mai
au	[au]	kaufen
äu	[ɔy]	die Häuser
b, bb	[b]	bleiben, das Hobby
-b	[p]	der Urlaub
ch	[ç]	ich, er möchte
	[x]	das Buch, kochen
chs	[ks]	sechs
d	[d]	danke, die Länder
-d, -dt	[t]	das Land, die Stadt
e, ee, eh	[eː]	leben, das Meer, sehr
e	[ɛ]	der Mensch
-e	[ə]	bitte, hören
ei	[ai]	mein
eu	[ɔy]	neu
f, ff	[f]	fahren, kaufen, treffen
g, gg	[g]	groß, die Tage, joggen
-g	[k]	der Tag
-ig	[iç]	billig
h	[h]	heute
-h	-	der Busfahrer, sehen, wohnen
i, ie, ieh	[iː]	das Kino , sie, sie sieht
i	[ɪ]	das Kind
j	[j]	die Jacke
k, ck	[k]	das Kind, dick
l, ll	[l]	lesen, der Ball
m, mm	[m]	der Morgen, der Name, kommen
n, nn	[n]	neu, mein, der Mann
ng	[ŋ]	die Wohnung, bringen
nk	[ŋk]	die Bank
o, oo, oh	[oː]	wo, das Boot, wohnen
o	[ɔ]	noch
ö, öh	[øː]	schön, fröhlich
ö	[œ]	er möchte

Buchstabe(n)	Laut	Beispiel
p, pp	[p]	die Pizza, der Appetit
ph	[f]	das Alphabet
qu	[kv]	bequem
r, rr, rh	[r]	richtig, Österreich, der Rhythmus
-er	[ɐ]	der Musiker
s	[z]	der Sohn
s, ss, ß	[s]	tschüs, essen, heißen
sch	[ʃ]	die Schokolade
sp-	[ʃp]	der Sport
st-	[ʃt]	die Stadt
t, tt, th	[t]	der Tag, bitte, das Theater
-tion	[tsioːn]	die Präsentation
u, uh	[u]	gut, die Uhr
u	[ʊ]	der Bus
ü, üh	[yː]	für, der Frühling
ü	[y]	das Glück
v	[f]	viel, aktiv
v	[v]	Servus!
w	[v]	die Woche
x	[ks]	das Taxi
y	[yː]	typisch
y	[y]	die Pyramide
-y	[i]	das Handy
z, tz	[t͡s]	tanzen, der Platz

Hörtexte

Hier finden Sie alle Hörtexte, die nicht oder nicht komplett in den Einheiten abgedruckt sind.

9 Die lieben Kollegen

3 a + b

🗨 Herr Dr. Seiters, guten Morgen und herzlich willkommen bei *Fit im Alltag* – unserer Ratgebersendung am Montagmorgen.

🗨 Guten Morgen, Frau Thomas.

🗨 Herr Seiters, wir möchten heute über den Büroalltag und die normalen Situationen in einem Büro sprechen. Einige Menschen sind erfolgreich und im Büro sehr beliebt. Viele Menschen haben aber immer wieder Probleme mit den Kollegen oder mit dem Chef. Das ist natürlich unangenehm und stressig. Können Sie diesen Menschen helfen?

🗨 Jein, also ja und nein. Manchmal gibt es in Büros sehr schwierige Situationen. Dann brauchen die Mitarbeiter Hilfe. Aber diese Situationen sind selten. Häufiger gibt es kleine Probleme.

🗨 Können Sie ein Beispiel sagen?

🗨 Ja, gern. Zum Beispiel habe ich letzte Woche mit einer Firma gearbeitet. Die Mitarbeiter dort sitzen zu zweit oder zu dritt in einem Büro und sie müssen auch telefonieren. Ein Mitarbeiter hat am Telefon immer sehr laut gesprochen. Für seine Kollegin war das sehr stressig, sie konnte nicht arbeiten. Sie hat aber nichts gesagt, sie ist immer aus dem Büro gegangen, wenn der Mitarbeiter telefoniert hat. Der Mitarbeiter hat es komisch gefunden, dass sie so oft aus dem Büro geht. Er hat gedacht, dass sie vielleicht oft auf die Toilette muss. Und das fragt man nicht, das ist peinlich.

🗨 Also eine klassische Situation: Man spricht nicht über das Problem und die Personen verstehen die Situation anders.

🗨 Ja, genau. Hier war es aber einfach: In der Abteilung müssen alle Mitarbeiter sehr viel telefonieren, deshalb arbeiten jetzt alle mit einem Headset. Bei allen Problemen ist es sehr wichtig, dass man mit den Mitarbeitern spricht, wenn es ein Problem gibt. Und man muss zusammen an dem Problem arbeiten. Wenn man nicht spricht, wird die Situation meistens nur schlimmer.

🗨 Vielen Dank, Herr Dr. Seiters. Wir spielen jetzt erst einmal Musik und dann ...

6 a

🗨 So, jetzt den Computer einschalten und dann mache ich mir erst einmal einen Tee. ... Gut, dann geht's los. Das ist eine Spam-E-Mail, das auch, hmm, diese Informationen brauche ich nicht, also: E-Mail löschen ... schon wieder eine Spam-E-Mail – auch löschen. Gut, hier die E-Mail ist für Herrn Kretschmar, die ist für Frau Dieckmann und für Frau Albrecht, die leite ich weiter.

🗨 Hallo, Arno, kannst du mir kurz helfen? Ich habe eine wichtige E-Mail und kann den Anhang nicht öffnen.

🗨 Geht das nicht später?

🗨 Nein, bitte, ich muss die Dateien dringend ausdrucken. Die Chefin ist schon sauer.

🗨 Okay, ich komme. ... Okay, jetzt weiter. Ah, Frau Nippes hat schon geschrieben. Welche Termine hat sie vorgeschlagen? Hmm, ach ja, der 19.5. passt. Schön. So, wo war ich gerade? Ach ja, diese E-Mail war für Frau Dieckmann und für Frau Albrecht, da muss ich noch das Foto anhängen. Wo ist denn das Foto? *(am Telefon:)* Mondal, ja, ja, das tut mir leid, ja. Gut, ich rufe Herrn Schmitt an. ... Herr Schmitt, hier ist Mondal. Frau Schreiber von DesigNetz hat den Termin um 11 Uhr abgesagt, sie ist krank. Ja, wir müssen den Termin auf nächste Woche verschieben. Sie schreibt mir, wenn sie wieder gesund ist. Ja, ja, gut. Bis dann. *(am Computer:)* So, und jetzt ... ähm, diese anderen E-Mails muss ich selbst beantworten. Liebe Frau Meier, bitte ...

🗨 Arno, kommst du nicht zur Besprechung?

🗨 Wie? Jetzt?

🗨 Ja, es ist zehn Uhr, komm, hast du den Prospekt?

🗨 Ok, dann beantworte ich die E-Mails nach der Besprechung.

10 Mein Smartphone & ich

1 b + c + d

🗨 Guten Tag, kann ich Ihnen helfen?

🗨 Ja. Ich möchte mehr über das Supernova 256 wissen.

🗨 Ja, gern. Das ist das letzte Modell, ein tolles Smartphone! Was möchten Sie gern wissen?

🗨 Könnten Sie mir sagen, wie viel Speicherplatz das Handy hat?

🗨 64 Gigabyte. Sie haben also viel Platz für Apps, Fotos oder Musik.

🗨 Okay. Ich möchte noch wissen, wie teuer ein Tarif mit Flatrate zum Telefonieren ist.

🗨 Also, da kann ich Ihnen die Infinity-Flatrate anbieten. Sie können telefonieren, SMS schreiben und surfen – so viel, wie Sie wollen.

🗨 Super! Und was kostet der Tarif?

🗨 Die Infinity-Flatrate kostet 29,90 Euro im Monat.

🗨 Hmm, das ist ziemlich teuer.

🗨 Wir haben auch die Basic-Flatrate – für 9,90 Euro im Monat. Mit der Basic-Flatrate können Sie telefonieren und SMS schreiben. Und Sie können im Internet bis zu 500 MB im Monat surfen.

🗨 Aha, ich surfe ziemlich viel ... Das ist leider nichts für mich. Wissen Sie, ob man das Handy auch ohne Vertrag kaufen kann?

🗨 Ohne Vertrag kostet das Smartphone 295,50 Euro. Sie können dann eine Prepaid-Karte kaufen.

👍 Schön. Dann möchte ich noch wissen, ob es das Handy auch in anderen Farben gibt.

💬 Ja, das Smartphone gibt es in Rosa, Silber, Weiß und Schwarz. Hier sehen Sie die anderen Modelle.

👍 Oh, Silber sieht schön aus. Gut, ich schaue dann noch, vielen Dank für Ihre Hilfe.

💬 Gern geschehen.

3 b + d

💬 Guten Morgen. Wir machen eine Reportage über digitale Medien. Darf ich Sie etwas fragen?

👍 Ja, gern.

💬 Sie haben ein modernes Smartphone. Haben Sie auch viele Apps?

👍 Ja, sehr viele!

💬 Was ist Ihre Lieblings-App?

👍 Diese Nachrichten-App – „Aktuelles 24" heißt sie. Mit der App kann ich Zeitungen lesen.

💬 Aktuelles 24 – zum Lesen von Zeitungen, aha. Vielen Dank!

👍 Gern!

💬 Entschuldigung, und Sie, haben Sie auch eine Lieblings-App?

💬 Ja, meine Lieblings-App ist „Da-bin-ich".

💬 Aha, „Da-bin-ich" – das ist wohl eine GPS-App?

💬 Ja, ich benutze sie zum Navigieren, wenn ich in einer fremden Stadt bin.

💬 Ja, die brauche ich auch immer … Entschuldigung, darf ich Sie auch fragen, welche Medien Sie gern nutzen? Entschuldigung!

👍 Hä? Was? Oh!

💬 Ich möchte Sie nur kurz etwas fragen. Wir machen eine Reportage über digitale Medien – für das Fernsehen …

👍 Oh ja, natürlich!

💬 Haben Sie viele Apps auf Ihrem Handy?

👍 Nein, nicht so viele. Vielleicht 24 Apps …

💬 24 Apps – das ist schon viel. Und was ist Ihre Lieblings-App?

👍 Meine Lieblings-App ist „eNatur" – zum Erkennen von Vogelstimmen.

💬 Wie bitte?

👍 Zum Erkennen von Vogelstimmen. Hören Sie mal …

Panorama V: Auf der Messe

1 c + d

1. 💬 Guten Tag. Kann ich Ihnen helfen?

   👍 Ja, gern. Ist das die neue Videokamera mit Autofokus?

   💬 Ja, das ist die CT100, das letzte Modell.

   👍 Hmm, sie sieht schön aus. Können Sie mir sagen, wie lange der Akku hält?

   💬 Ca. 160 Minuten. Die Kamera hat ein 3-Zoll-Display und die Bildqualität ist sehr gut. Alle Kunden sind mit der Kamera sehr zufrieden.

   👍 Das klingt toll. Und was kostet sie?

💬 Sie kostet 399 Euro.

👍 Hmm, das ist ziemlich teuer.

💬 Das ältere Modell CT90 kostet jetzt nur 199 Euro. Das hat aber nur ein 2,5-Zoll-Display.

👍 2,5 Zoll – das ist zu klein. Aber vielen Dank für Ihre Hilfe.

💬 Gern geschehen.

2. 💬 Entschuldigung. Ist hier noch frei?

   👍 Wie bitte?

   💬 Ist der Platz noch frei?

   👍 Ja, ja. Bitte schön.

   💬 Danke. Heute ist hier viel los, mehr als gestern.

   👍 Ja, das stimmt. Die Messe ist heute ganz voll … Mein Name ist Herbert Schneider.

   💬 Clara Wolters. Angenehm.

   👍 Sind Sie beruflich hier oder privat, Frau Wolters?

   💬 Beruflich. Unsere Kunden stellen hier ihre Produkte aus und ich will hier vielleicht noch neue Kunden kennenlernen. Und Sie?

   👍 Ich bin auch beruflich hier. Ich stelle ein neues Computerspiel von unserer Firma vor.

   💬 Ach ja? Das klingt interessant.

   👍 Ja, wir machen eine kleine Spiele-Show. Vielleicht können Sie zu der Show kommen? Sie fängt in einer halben Stunde an, in Halle 7, Stand C6.

   💬 Ja, gern! Heute Nachmittag habe ich Zeit.

   👍 Schön. Ich muss jetzt gehen und alles vorbereiten. Auf Wiedersehen und vielleicht bis später.

   💬 Ja, bis dann.

3. 💬 Ach, Herr Lietzenberger! Wunderbar, dass Ihnen der Termin heute gepasst hat und Sie kommen konnten.

   👍 Hallo, Frau Barig. Ja, heute passt es sehr gut. Es tut mir leid, dass ich den Termin gestern absagen musste, aber unser Flugzeug hatte Verspätung. Frau Barig, das sind Frau Arens und Herr Boldt.

   💬 Freut mich. Und das sind Frau Hilger und Herr Matthes.

   👍 Angenehm.

   💬 Guten Tag.

   👍 Freut mich.

   💬 So, dann können wir gleich zu unserem Thema kommen. Wir würden gern mit Ihnen die Termine für die neue Produktion besprechen. Ich habe hier einen Zeitplan gemacht, wir können uns den Zeitplan hier am Laptop ansehen, und ich möchte ein paar Termine vorschlagen. Also, zuerst muss die Präsentation bei den neuen Kunden stattfinden – am besten schon am 20.7.

   👍 Hmm, den Termin müssen wir leider verschieben. Das ist schade und es tut mir leid, aber viele Kunden haben im Juli Firmenferien.

   💬 Oh, das habe ich nicht gewusst. Dann …

11 Freunde tun gut

4 a + b

🗨 Sag mal, hast du eigentlich schon immer hier gewohnt?

👍 Ja, fast. Als ich drei Jahre alt war, sind meine Eltern aus Bayern nach Berlin gezogen. Aber das weiß ich nicht mehr. Ich bin Berliner.

🗨 Dann hast du hier alle deine Freunde?

👍 Ja, aber leider wohnt mein bester Freund nicht mehr hier. Als er hier keine Arbeit gefunden hat, ist er nach Australien gegangen.

🗨 Dein bester Freund? Wer war das? Erzähl mal.

👍 Na ja ... Oh schau mal, genau hier haben wir Indianer gespielt und ein Feuer gemacht. Das war natürlich verboten. Es gab sehr viel Rauch und die Polizei kam dann auch noch ...

🗨 Oh je ... und was ist dann passiert?

👍 Als ich mit der Polizei nach Hause gekommen bin, waren meine Eltern natürlich sehr böse. Die Eltern von Thomas auch, aber wir haben nicht gesagt, wer die Idee hatte. Das war natürlich Thomas ...

🗨 Wie alt wart ihr, als ihr euch kennengelernt habt?

👍 Sechs. Wir haben uns kennengelernt, als wir in die Schule kamen. Er war in meiner Klasse. Ich mochte ihn sofort, seine roten Haare, sein Lachen – er war so lustig! Oh sieh mal hier, die Bank ...

🗨 Ja?

👍 Hier war ich ganz oft. Aber nicht mit Thomas ...

🗨 Mit wem denn?

👍 Mit Julia ... Sie war so süß. Ich habe mich in sie verliebt, als ich 15 war. Thomas leider auch ... Da war unsere Freundschaft fast zu Ende.

🗨 Und dann?

👍 Nach vier Wochen war Julia dann mit dem langweiligen Holger zusammen. Und Thomas und ich waren wieder gute Freunde. Wir haben dann auch zusammen studiert und viel erlebt. Heute sehe ich Thomas nur selten. Aber wenn wir uns sehen, ist es wieder wie immer. Er ist immer noch mein bester Freund. Ich weiß, dass er immer für mich da ist.

5 a + c

Als ich drei war, waren wir hier
und haben im Sandkasten gespielt.
Als ich sechs war, waren wir zusammen in der Schule,
haben die Lehrer tyrannisiert.
Als ich zum ersten mal verliebt war,
war ich gerade 15,
du hast es einfach nicht kapiert.
Und dann mit 20 Jahren,
als wir aus der Schule kamen,
wollten wir zusammen in der Stadt die erste Wohnung haben.
Unsere Freundschaft gibt es
seit unserer Kindheit,
ich wünsche mir, dass es auch so bleibt.
Wenn wir Freunde bleiben,
ist alles andere nicht wichtig,
wir bleiben niemals allein,
wir sind zu zweit.
Jetzt sind wir 30 und ich bin auf deiner Hochzeit,
du siehst gut aus in deinem Kleid
und ich hab keine Angst, dass du für mich nicht da bist,
denn ich weiß, dass unsere Freundschaft immer bleibt.
Unsere Freundschaft gibt es ... (s. o., 2x)

12 Eins – eins – zwei

1 b

🗨 Susi, was ist denn passiert? Mein Gott. Du blutest ja!

👍 Ja, ich weiß auch nicht. Ich habe die Fenster geputzt und dann ... Au!

🗨 Oh je – das sieht schlimm aus. Warte, ich hole Eis ... Das gefällt mir nicht. Bei einer Kopfverletzung muss man vorsichtig sein ... Komm, ich bringe dich ins Krankenhaus.

👍 Ach nein, so schlimm ist es doch nicht ...

🗨 Nee, nee – wir fahren. Komm, ich helfe dir. ... Ah, hier ist der Eingang, komm ...

3 a

🗨 Guten Tag, meine Freundin hatte einen Unfall. Wir brauchen einen Arzt.

🗨 Guten Tag. Gut, ich brauche zuerst die Gesundheitskarte.

🗨 Die Gesundheitskarte?

🗨 Ja, die Gesundheitskarte ... von der Krankenkasse ...

🗨 Ja klar, aber – die ist zu Hause. Wir sind sofort losgefahren und ...

🗨 Na gut, Sie können die Karte später holen. Dann den Namen bitte.

👍 Albert, Susanne Albert.

🗨 Albert ... Susanne. Und Ihr Geburtsdatum?

👍 24. Juli 1980.

🗨 1980 ... Und die Adresse?

👍 Langstr. 13 in 10962 Berlin.

🗨 10962. Gut, haben Sie Krankheiten? Oder hatten Sie schon einmal eine Operation?

👍 Nein, ich habe keine Krankheiten. Und ich hatte auch noch nie eine Operation.

🗨 Nehmen Sie Medikamente?

👍 Nein. Ich nehme keine Medikamente.

🗨 Haben Sie Allergien?

👍 Nein.

🗨 Auch keine Allergie gegen Medikamente?

👍 Ich glaube nicht. Nein.

🗨 Das ist alles. Bitte nehmen Sie Platz im Wartezimmer. Wir rufen Sie dann.

3 b + c

👍 Guten Tag, Frau Albert. Was fehlt Ihnen denn?

👍 Ich habe mich gestoßen – hier am Kopf. Es hat sehr geblutet, aber es hat jetzt aufgehört.

👍 Zeigen Sie mal ... Ja, das muss ich nur sauber machen. Achtung – jetzt tut es ein bisschen weh.

👍 Au!

👍 Als Sie sich gestoßen haben, waren Sie bewusstlos oder ist Ihnen schlecht geworden?

👍 Nein, aber ich habe starke Kopfschmerzen.

👍 Das glaube ich. Ich möchte Ihnen einmal in die Augen sehen ... Okay, also, ich denke, Sie haben eine leichte Gehirnerschütterung. Sie dürfen nach Hause gehen, aber Sie sollten heute und morgen auf jeden Fall im Bett bleiben und nicht arbeiten. Und Sie sollten viel schlafen und sich erholen. Kommen Sie wieder, wenn die Kopfschmerzen nicht besser werden oder wenn Ihnen schlecht wird.

👍 Muss ich Medikamente nehmen?

👍 Nein, aber Sie können Schmerztabletten nehmen. Die bekommen Sie ohne Rezept in der Apotheke. Aber nehmen Sie maximal drei Tabletten täglich.

👍 Okay, vielen Dank und hoffentlich nicht „Auf Wiedersehen".

Panorama VI: Radsportverein Salzburg

1 c + d + e

1. Mein Mann und ich sind schon seit vielen Jahren in einem Radsportverein in Salzburg und seit zwei Jahren ist auch unser Sohn dabei. Mein Mann hat früher im Verein richtig viel Sport gemacht: Er ist bei Wettkämpfen mitgefahren und hat lange Fahrradtouren durch die Berge gemacht. Ich wollte aber Mitglied im Verein sein, weil man dort neue Leute kennenlernen kann. Wir haben alle viel Spaß zusammen: Man macht Ausflüge, gibt Tipps, trainiert mit Kindern und manchmal feiert man auch zusammen. Beim letzten Ausflug hatten wir aber leider kein Glück: Die Gruppe hat sich in Salzburg getroffen und dann – gleich hinter Salzburg – hatte unser Sohn einen kleinen Unfall. Er hat sich das Bein verletzt und ich musste die Ambulanz rufen. Das war nicht so schön. Jetzt ist er aber wieder fit.

2. Ich liebe die Natur. Früher bin ich viel gewandert, aber dann habe ich im Internet das Programm vom Radsportverein in Salzburg gefunden. Der Verein bietet tolle Fahrradtouren an. Jetzt bin ich Mitglied und mache fast jedes Wochenende eine Tour. Weil alle Leute gerne draußen sind und sich gerne bewegen, verstehen wir uns gut. Ich finde es toll, dass alle zusammenhalten. Einmal ist mein Fahrrad bei einer Tour kaputtgegangen. Ich konnte das Fahrrad nicht reparieren und dachte, ich muss mit dem Zug nach Hause fahren. Aber Toni, eine Freundin, hat mir geholfen und hat das Fahrrad repariert. Dann sind wir zusammen weitergefahren, die Gruppe war schon weg und wir haben den Weg nicht gefunden. Wir hatten aber Glück: Ein anderer Fahrradfahrer hat uns den Weg gezeigt, so war die Fahrradtour doch sehr schön ... Tja und jetzt sind Toni und ich ein Paar!

13 Hat es geschmeckt?

1 c + d

💬 Na, ihr beiden? Wollen wir heute Abend essen gehen?

👍 Ja, gern! Aber wohin?

💬 Ich würde gern Zum alten Fischer gehen. Das ist ein gutes Fischrestaurant. Chris, du warst auch schon mal da. Was meinst du?

💬 Hmm, ich weiß nicht, ich möchte heute lieber etwas Kleines essen. Kennt ihr die Bio-Kantine? Dort gibt es vegane und vegetarische Gerichte. Alles bio – lecker, gesund und gut für die Umwelt.

💬 Oh je, nur Gemüse ...! Chris, muss das sein? Ich möchte Fleisch oder Fisch essen.

👍 Also, ich esse keinen Fisch. Ich habe eine Fisch-Allergie.

💬 Entschuldigung, Ben, das habe ich vergessen. Dann vielleicht etwas Scharfes? Curry?

👍 Oh ja! Wir können zum Thailänder gehen – ins Bangkok Restaurant. Dort gibt es gute thailändische Küche. Scharf und lecker!

💬 Also, ich weiß nicht, Ben. Das ist bestimmt zu scharf für mich. Ich kann nichts Scharfes essen.

👍 Ach, mach dir keine Sorgen, Chris. Die Speisekarte dort ist groß und nicht alles ist scharf. Dort gibt es auch viele vegetarische Gerichte. Und wenn wir auch noch etwas Süßes wollen, haben sie viele leckere Sachen: Mango-Eis oder ...

💬 Hmm, Mango-Eis – das klingt gut ... Okay, wir probieren es. Müssen wir einen Tisch reservieren?

👍 Nein, dort gibt es immer einen freien Tisch.

💬 Also, dann gehen wir.

4 b + c + d

💬 Darf ich Ihnen etwas zu trinken bringen?

👍 Ja, zwei Glas Sekt, bitte. Wir feiern heute unseren ersten Jahrestag.

💬 Oh, wie schön! Herzlichen Glückwunsch und einen schönen Abend!

💬 Danke.

👍 Ach ja, eine Flasche Mineralwasser und zwei Gläser, bitte.

💬 Gern.

💬 Das sieht alles lecker aus. Was meinst du?

👍 Ja! Also, zum Wohl, mein Schatz!

💬 Haben Sie schon gewählt?

👍 Ja. Ich nehme die Garnelen als Vorspeise und dann das Lammkotelett mit Bohnen.

💬 Gern, das Lammkotelett. Möchten Sie eine Beilage dazu?

👍 Ja, vielleicht. Welche Beilage würden Sie mir empfehlen?

💬 Am besten passen Kartoffeln.

👍 Gut, dann nehme ich die Kartoffeln.

💬 Und für den Herrn?

💬 Für mich die Tomatensuppe und als Hauptgericht das Steak mit Pommes frites.

🗨 Gern. Und als Getränk?

🗨 Ich denke, Rotwein. Was meinst du, Arno?

🗨 Ja, gute Idee. Welchen Rotwein empfehlen Sie dazu?

🗨 Ich empfehle diesen Rotwein hier, den Lemberger. Er passt sehr gut zum Fleisch.

🗨 Guten Appetit!

🗨 Guten Appetit! ... Schmeckt's?

🗨 Na ja, es geht. Dieses Steak ist sehr trocken. Wie findest du dein Lammkotelett?

🗨 Zu salzig. Und diese Bohnen sind bestimmt nicht frisch vom Markt. Aber dieser Wein – wie heißt er noch? – der ist wunderbar. Findest du nicht?

🗨 Ja, der Wein ist wirklich gut.

🗨 So, hat's geschmeckt?

🗨 Ja, sehr gut, danke. Und ich möchte zahlen, bitte.

🗨 Ja, sofort ... So, bitte schön, die Rechnung.

🗨 Danke schön.

🗨 Was? 180,90 Euro? Das kann nicht stimmen ...

🗨 Entschuldigung!

🗨 Ja? Ist etwas nicht in Ordnung?

🗨 Ich glaube, die Rechnung stimmt nicht.

🗨 Oh! Das tut mir aber leid. Darf ich mal sehen? Sie hatten die Garnelen, die Tomatensuppe, das Lammkotelett, das Steak und zwei Beilagen, zwei Glas Sekt, eine Flasche Mineralwasser und eine Flasche Lemberger, richtig?

🗨 Hmm, das ist richtig.

🗨 Dann stimmt die Rechnung. Das macht zusammen 180,90 Euro. Der Lemberger ist ein sehr guter Wein, der kostet 99 Euro die Flasche.

🗨 Susi, ich glaube, wir müssen zu Fuß nach Hause gehen. Wir haben nicht mehr genug Geld für ein Taxi!

🗨 Nein, und für das Trinkgeld leider auch nicht!

14 Einkaufswelt

4 b + c

1. 🗨 Kommt, beeilt euch!
   🗨 Warum?
   🗨 Wir wollen doch heute einkaufen, Laura braucht ein Kleid für die Hochzeit von Deniz und Jana.
   🗨 Ach, stimmt. Und ich brauche noch eine neue Hose und eine Krawatte.
   🗨 Ich brauche auch noch ein paar Dinge. Das Einkaufszentrum ist ab halb zehn geöffnet, ich möchte nicht zu spät losfahren.
   🗨 Und Niels?
   🗨 Niels bringen wir zu meiner Mutter. Sie freut sich schon. Kinder, beeilt euch!

2. 🗨 Wo ist der Laden, den ich das letzte Mal gesehen habe? Weißt du, der Laden, der alles hat: Hosen, Hemden, Krawatten, Schuhe.
   🗨 Der ist im ersten Stock. Aber das tolle Geschäft mit Herrenmode, das ich kenne, ist hier im Erdgeschoss. Die haben immer schöne Sachen.
   🗨 Okay, dann gucke ich hier im Erdgeschoss. Und

ihr? Wo gibt es Kleider für Mädchen?

🗨 Hier, Kinderkleidung, im ersten Stock.

🗨 Okay, dann treffen wir uns in zwei Stunden auf der Bank, die wir gerade gesehen haben.

🗨 Okay.

🗨 Gut, bis dann. Viel Spaß!

🗨 Danke, dir auch!

🗨 Mama, ich möchte noch die Schuhe, die ich im Internet gesehen habe. Du hast „ja" gesagt!

🗨 Stimmt, wir können auch noch gucken gehen, aber zuerst kaufen wir ein Kleid für dich.

🗨 Na gut. Mama, ich muss mal ...

🗨 Ah ja, wo sind die Toiletten? Warte ... Hier im Erdgeschoss. Dann los.

3. 🗨 Ich will ein Eis. Warum kommt Papa nicht?
   🗨 Keine Ahnung, er wollte nur eine Hose und eine Krawatte kaufen. Vielleicht ...
   🗨 Hallo, ihr beiden!
   🗨 Was ist das denn?
   🗨 War super günstig!
   🗨 Aha.
   🗨 Und drei Jahre Garantie! Four k, also UHD, 55 Zoll und curved!
   🗨 Wow! Der ist ja cool!
   🗨 Wie? Was ist das denn?
   🗨 Mama! Ein Fernseher!
   🗨 Und die Krawatte, die du kaufen wolltest?

Panorama VII: Fischmarkt in Hamburg

2 b

🗨 Garnelen! Matjes! Aal! Meine Damen und Herren, der Fisch ist frisch, frischer, am frischesten! Und unsere Preise sind am billigsten!

🗨 Liebe Zuhörerinnen und Zuhörer, willkommen im Morgenprogramm. Es ist sechs Uhr morgens und ich bin auf dem Hamburger Fischmarkt, der schon seit fünf Uhr geöffnet ist. Der Markt wird immer voller, die Menschen kommen und wollen nicht nur einkaufen. Neben Fisch, Obst und Blumen gibt es auch Livemusik.

🗨 Meine Damen und Herren, kommen Sie näher! Aal – Matjes – alles frisch! Die Saison hat angefangen!

🗨 Hinter mir hören Sie Herrn Otto Petersen. Er arbeitet seit dreißig Jahren auf dem Hamburger Fischmarkt und ich möchte ihn fragen, wie seine Sonntage aussehen. Herr Petersen, sechs Uhr, das ist sehr früh, die meisten Menschen schlafen noch.

🗨 Sechs Uhr und früh? Wenn man auf dem Markt Fisch verkaufen will, muss man um drei Uhr aufstehen.

🗨 Um drei Uhr? Das ist ja mitten in der Nacht.

🗨 Wissen Sie, ich muss den frischen Fisch direkt vom Fischer kaufen, da muss ich um vier Uhr beim Fischer sein. Wenn ich um fünf komme, ist kein guter Fisch mehr da – alles weg!

👍 Das ist kein Job für Leute, die am Sonntag spät aufstehen wollen.

💬 Nein, da haben Sie recht.

👍 Was werden Sie ...?

💬 Entschuldigen Sie ... Was darf es sein, mein Herr?

💬 Welchen Fisch haben Sie denn heute? Ich möchte nur etwas Kleines.

💬 Der Matjes ist ganz frisch, die Saison hat gerade angefangen. Ich gebe Ihnen zwei Stück für 6 Euro.

💬 Sechs Euro?

💬 Und dazu ein Stück Aal. Mein Herr, da haben Sie Mittag- und Abendessen für sechs Euro! Billiger bekommen Sie keinen Fisch.

💬 Ja, ja, ich nehme den Fisch. Ist gut.

💬 Zehn Euro und vier zurück, bitte schön. Und guten Appetit!

💬 Danke schön.

💬 So, wo waren wir?

👍 Um halb zehn macht der Fischmarkt zu. Was machen Sie dann?

💬 Na, zuerst muss man den Wagen aufräumen. Die Fischreste, also den Fisch, den ich nicht verkauft habe, bringe ich in ein Restaurant. Und dann gehe ich nach Hause und esse zu Mittag.

👍 Um zehn? Da frühstückt man am Sonntag doch.

💬 Frühstück oder Mittag – das ist egal. Ich esse zuerst ein Fischbrötchen und lese Zeitung.

👍 Ah, die nächsten Kunden kommen. Vielen Dank für das Gespräch!

💬 Bitte, bitte. Frischer Fisch, meine Damen und Herren ...

15 Partylaune

2 a + b

1. 💬 Der gewünschte Gesprächsteilnehmer ist zurzeit nicht erreichbar. Bitte hinterlassen Sie eine Nachricht.

   👍 Hallo, hier ist Imke. Wir haben heute deine Einladung zur Babyparty bekommen. Danke! Das ist ja eine tolle Idee. Und eine schöne Überraschung für Nina. Sie freut sich bestimmt sehr. Ich würde sehr gern kommen, aber leider bin ich am 20. nicht da. Ich bin auf einer Hochzeit – meine Tante heiratet in Berlin. Ich kann also leider nicht kommen. Tut mir leid. Wenn ich dir bei der Organisation helfen kann, gib Bescheid. Ruf einfach an. Ciao.

2. 💬 Dies ist die Mailbox von 0172 46 52 52 51. Bitte hinterlassen Sie eine Nachricht nach dem Ton.

   👍 Hallo, hier ist Steffen. Danke für deine Einladung! Wir haben sie heute bekommen und haben uns sehr gefreut! Mensch, jetzt wirst du schon 70. Das ist wirklich unglaublich! Wir kommen sehr gern. Leider können wir aber erst ein bisschen später da sein, weil mein Zug aus München erst um 18 Uhr ankommt. Wir kommen zu dritt – Thilo möchte doch auch mitfeiern! Stell dir vor: Heute ist er schon zwei Monate alt. Wir hoffen, es ist okay, wenn wir alle drei kommen. Also, bis Samstag!

3 a + b

1. 💬 Was willst du eigentlich an deinem Geburtstag machen?

   👍 Wieso? Muss ich was machen?

   💬 Wenn du magst?

   💬 Rudi, du wirst 40!

   👍 Wir feiern! Und du kannst alle deine Freunde einladen und wir spielen Spiele und halten eine Rede für dich und ...

   💬 Au ja! Wir trinken Kakao und essen Schokoladenkuchen.

   👍 Moment. Vielleicht will ich gar nicht feiern!? Vielleicht will ich mir einfach nur einen netten Tag machen.

   💬 Mit uns oder allein?

   👍 Wir können mit einem Schiff einen Ausflug machen oder wir gehen ins Schwimmbad oder wir machen ein Picknick oder ...

2. 💬 Sag mal, feierst du eigentlich deinen Geburtstag?

   👍 Warum? Weil es ein runder Geburtstag ist?

   💬 Ja, zum Beispiel. Und weil es nett ist. Du kannst doch Kollegen und Freunde einladen und wir gehen zusammen Bowling spielen ...

   👍 Das klingt eher nach Kindergeburtstag ...

   💬 Oder mach doch eine große Party in einer Kneipe – mit einer Band. Du bekommst viele schöne Geschenke und ...

   👍 In einer Kneipe? Das ist aber sehr teuer.

   💬 Oder du mietest einen Raum und machst alles selbst.

   👍 Weißt du, wie viel Arbeit das ist? Wann soll ich das denn organisieren? Wir brauchen einen Raum. Dann muss ich das Essen besorgen – Geschirr, Besteck, Gläser, Getränke. Ich muss eine Musikanlage mieten oder einen DJ buchen. Nein, wirklich nicht.

   💬 Oder du grillst mit ein paar Männern im Garten.

   👍 Das ist schon besser.

   💬 Du kaufst ein paar Würstchen und Brot, machst einen großen Salat, dekorierst die Terrasse mit Herzchen und ...

   👍 Susi!

   💬 Jaaa?

   👍 Ich finde Geburtstage doof.

   💬 Ja, ich weiß. Ich aber nicht.

   👍 Warum muss man immer feiern? So ein Quatsch! Ich würde gern einfach nur ...

5 b + c + g

Jeder hat jedes Jahr Geburtstag.
Geburtstag hat jeder jedes Jahr.
Sag mir, warum soll ich das feiern?

Was soll das Feiern? Das ist mir nicht klar. *(2x)*

Meine Schwester macht fast jedes Jahr ein großes Fest, zu dem sie viele Gäste einlädt. Mir gibt das den Rest. Für keinen Gast, mit dem sie redet, hat sie wirklich Zeit. Vor lauter Stress gibt's dann am Ende meistens auch noch Streit.

Jeder hat jedes Jahr Geburtstag. ... *(s.o.)*

Ihre letzte große Party, zu der ich hingefahren bin, war schrecklich öde. Und ich frag mich: Wo ist da der Sinn?
Alle haben nur gegessen, die Musik war viel zu laut. Die Frau, mit der ich tanzen wollte, hat mich nicht angeschaut.

Jeder hat jedes Jahr Geburtstag. ... *(s.o.)*

Noch nie war eine Party wie ein Fest, von dem sie träumt.
Meine Schwester hat ihre Wohnung noch Tage später aufgeräumt.
Noch wochenlang hat sie von ihrem Feierstress erzählt und dabei hat sie das doch alles selbst so ausgewählt.

Jeder hat jedes Jahr Geburtstag. ... *(s.o.)*

16 Kulturwelten

2 a + b

⌒ Auf dem Straßenfest „Sommer in Berlin" haben wir Felix vom Zirkus Jux kennengelernt. Man kann ihn in ganz Berlin und Umgebung auf vielen Festen sehen, denn er ist Straßenkünstler.

⌐ Felix, du bist seit einigen Jahren Straßenkünstler. Ist die Straßenkunst für dich ein Hobby oder ein Beruf?

⌐ Ich habe mich schon als Kind für Jonglieren und Akrobatik interessiert. Am Anfang war die Straßenkunst nur ein Hobby, danach ist das Hobby zum Beruf geworden.

⌒ Toll. Wie oft trittst du auf?

⌐ Früher war ich fast jedes Wochenende unterwegs. Heute trete ich nicht mehr so oft auf. Jetzt arbeite ich viel mit Kindern und biete Kurse an.

⌒ Aha. Was machst du bei schlechtem Wetter, wenn du einen Auftritt hast?

⌐ Ich mache weiter. Schlechtes Wetter gibt es nicht, nur schlechte Laune!

⌐ Gute Antwort! Was magst du an deinem Beruf am liebsten?

⌐ Ich freue mich über Erfolge von Kindern, die ich trainiere. Wenn ich sehe, wie sie immer schneller, besser und geschickter werden, bin ich glücklich. Und ich träume von einem eigenen kleinen Kinderzirkus. Aber das Geld ist noch ein Problem.

⌐ Ja, das glaube ich. Und worüber ärgerst du dich?

⌐ Das ist eine schwierige Frage! Ich ärgere mich nicht oft. Hmm, über einen leeren Kühlschrank, vielleicht?

⌒ Klar, ein leerer Kühlschrank ist nicht schön. Wie ist es eigentlich vor einer Vorstellung? Bist du sehr nervös?

⌐ Ja, das bin ich. Aber es ist nicht so schlimm wie früher. Ich kann jetzt mit der Nervosität besser umgehen.

⌐ Unsere letzte Frage: Was ist wichtig für den Erfolg, wenn man Straßenkünstler ist?

⌐ Man muss immer gute Laune zeigen und freundlich sein. Gute Laune gehört auch zur Straßenkunst. Deshalb darf man selber den Spaß an dem, was man macht, nicht verlieren.

⌒ Felix, vielen Dank für das Gespräch.

3 b + c

⌐ Woran denkst du?

⌒ Ach, ich denke an den Sommer. Der Sommer kommt und wir haben nichts geplant. Das ist blöd!

⌐ Tja, das stimmt. Was möchtest du gern machen?

⌒ Hmm ... Ich möchte zu einem Konzert oder noch besser: zu einem Musikfestival gehen!

⌐ Ach, ich weiß nicht ... Ich mag keine Musikfestivals. Ich ärgere mich immer über die laute Musik. Und die Eintrittskarten sind so teuer!

⌒ Hmm, wollen wir dann in die Schweiz zum OpenAir St. Gallen fahren? Ich habe schon immer von diesem Festival geträumt. Dort gibt es Indie, Rock, World Music – alles! Wir können dort zelten, das ist nicht so teuer. Ich habe mich schon im Internet über die Preise informiert.

⌐ Zelten?! Nein, danke! Ich will nicht zelten, das ist kalt und unbequem.

⌒ Okay, also nicht zelten ... Oder es gibt doch bald das Berlin Festival. Wenn wir zu Hause bleiben, müssen wir nicht zelten.

⌐ Techno, HipHop, Folk ... oh, nein. Das ist keine Musik für mich. Ich höre gern klassische Musik. Ich interessiere mich für Mozart oder Beethoven.

⌒ Klassik! Wenn es sein muss. Vielleicht gibt es etwas in der Waldbühne? Warte, hier im Internet steht ... Ja: Im Juli treten die Berliner Philharmoniker auf. „Das traditionelle Sommerkonzert, ein tschechischer Abend mit klassischer Musik von Smetana und Dvořák". Was denkst du?

⌐ Oh, schön! Gibt es noch Karten?

⌒ Ja, ich glaube, ja.

⌐ Super! Dann bestellen wir gleich zwei. Das wird ein toller Abend: Picknick mit klassischer Musik! Ich freue mich auf das Konzert!

⌒ Ja, ich auch.

Wortkarten zu Einheit 16, Übung 6c

Panorama I (Seite 24 und 25)

ÖSTERREICH	DEUTSCHLAND	SCHWEIZ	LÄNDER
SEE	BODENSEE	INSEL	FLUSS
FLÜSSE	WASSERFALL	SCHIFF	STADT
THEATER	DÖRFER	ORT	BOOT
SCHLOSS	BÜHNE	HAFEN	TOURIST
OPER	REISE	MUSEUM	URLAUB
OSTEN	NÖRDLICH	SÜDLICH	WESTEN
MACH	FAHREN	FIND	KOMM
SEHEN	BESICHTIG	GEH	BESUCH
MÖCHTE	KÖNNEN	RUHIG	SEHR
TOLL	SCHÖN	VOLL	VIEL

BIN	BIN	BIST	SEID	IST	IST	SIND
HAB	HAB	HAST	HAT	HAT	WIR	IHR
-E	-EN	SIE	SIE	ICH	DU	ER
-E	-EN	-N	-ST	-ST	-T	-T
UND	UND	NICHT	ODER	ODER	ABER	ABER
UND	NUR	DESHALB	AUCH	WEIL	JA	NEIN
AUF	AN	VON	VON	IN	IN	IM
AUS	ZU	ZUM	AM	EIN	EIN	KEIN
DER	DER	DAS	DEM	DEN	DIE	DIE

Panorama II (Seite 40 und 41)

PARK	GARTENZWERG	HÄUSER	BÄUME
NATUR	SOMMER	STADT	LEUTE
FEST	FRÜHLING	URLAUB	PARTY
BUCH	IDEE	FREUND	REGEN
BLUME	GEMÜSE	FLEISCH	GARTEN
FEIER	ENTSPANN	GIESS	PFLANZ
ARBEIT	DEKORIER	MACH	LESEN
SPIEL	GRILL	FIND	KOMM
KÖNNEN	MACH	SEHEN	MÖCHTE
ALT	JUNG	RUHIG	SEHR
TOLL	SCHÖN	GRÜN	VIEL

SIND	BIN	BIST	SEID	IST	IST	WIR
HAST	HAB	HAT	HAT	SIE	SIE	IHR
-E	-EN	-EM	-ST	-T	DU	ER
-IN	-N	-ER	-S	-T	ICH	WIE
UND	UND	GENAUSO	ODER	ABER	MIT	ALS
NICHT	NUR	DESHALB	AUCH	WEIL	AM	LIEBER
FÜR	AN	LIEBSTEN	IM	IN	AUS	VON
ZU	ZUM	UNSER	MEIN	DEIN	EIN	KEIN
DER	DER	DAS	DEM	DEN	DIE	DIE

Panorama III (Seite 56 und 57)

UHR	GELD	GESCHÄFT	MÜNZE
CAFÉ	BRUNNEN	STADT	TOURIST
POLITIKER	HAUS	PARLAMENT	STRASSE
ZENTRUM	HAUPTSTADT	MENSCH	GEBÄUDE
SCHWEIZ	EURO	FRANKEN	ZEIT
ARBEIT	KAFFEE	PROBLEM	SPASS
TREFFEN	BESUCH	MÜSSEN	TRINK
SEHEN	MÖCHTE	ZAHL	KOMM
SHOPP	FREU	BERÜHMT	HISTORISCH
ALT	WENIG	GROSS	SEHR
TOLL	INTERESSANT	WICHTIG	VIEL
MODERN	GEMÜTLICH	TEUER	GÜNSTIG

SIND	BIN	BIST	SEID	IST	IST	WIR
MUSS	HAB	HAST	HAT	SIE	SIE	IHR
KANN	-S	-EM	-ST	-E	DU	ER
-IN	-N	-ER	-EN	-T	-T	ICH
WIE	UND	GENAUSO	ODER	ABER	MIT	SICH
NICHT	NUR	DESHALB	AUCH	WEIL	AM	SICH
FÜR	AN	UNS	IM	IN	AUS	VON
ZU	ZUM	EUCH	DICH	MICH	EIN	KEIN
DER	DER	DAS	DEM	DEN	DIE	DIE

Panorama IV (Seite 72 und 73)

STADT	GARTEN	LAND	AUTO
KINO	LEBEN	FRÜHER	JETZT
FAHRRAD	NATUR	LAUT	BUS
INTERESSANT	HEKTISCH	SCHÖN	GRÜN
AUSSERHALB	GESUND	STRESSIG	LANGSAM
LANGWEILIG	TREFFEN	RUHIG	GEH
SPAZIEREN	ENTSPANN	ARBEIT	WOHNUNG
LEUTE	MÜSSEN	MÖCHTE	WOHN
MAG	KÖNNEN	GROSS	KLEIN
ZEIT	LIEB	GUT	SCHLECHT
ALT	MEHR	WENIG	JUNG
FAHREN	AUSGEHEN	KONZERT	HAUS

KANN	BIN	BIST	SEID	IST	SIND	WIR
MUSS	HAB	HAST	HAT	SIE	DU	IHR
-T	-N	-EM	-ST	-E	ER	ICH
-S	-ER	-EN	-IN	-T	OHNE	AUF
WIE	UND	GENAUSO	ODER	ABER	MIT	ALS
NICHT	NUR	DESHALB	AUCH	WEIL	AM	SICH
FÜR	AN	UNS	IM	IN	AUS	VON
ZU	ZUM	EUCH	DICH	MICH	EIN	KEIN
DER	DER	DAS	DEM	DEN	DIE	DIE

Panorama V (Seite 88 und 89)

VISITENKARTE	MESSE	MODELL	PARTNER
PRÄSENTATION	RESTAURANT	ZEIT	TERMIN
COMPUTER	SPIELE	STAND	FIRMA
PROGRAMM	PRODUKT	BUCH	TECHNIK
HEKTISCH	INTERESSANT	STRESSIG	LAUT
BERUFLICH	LANGWEILIG	MODERN	PRIVAT
WISSEN	VEREINBAR	KAUF	NEU
TREFFEN	VERSCHIEB	TAUSCH	BERATEN
LEUTE	MÜSSEN	MÖCHTE	ZUHÖREN
AUSSTELLEN	KÖNNEN	GROSS	VIEL
TEILNEHMEN	ARBEIT	KOMM	BESUCH
TEUER	GÜNSTIG	WENIG	MEHR

KANN	BIN	BIST	SIND	IST	ER	WIR
MUSS	HAB	HAST	HAT	SIE	DU	ES
-T	-N	-EM	-ST	-E	DORT	ICH
-IN	-S	-EN	-ER	-T	OHNE	AUF
WIE	UND	GENAUSO	ODER	ABER	MIT	ALS
NICHT	NUR	DESHALB	AUCH	WEIL	AM	SICH
FÜR	AN	UNS	IM	IN	BEI	VON
ZU	ZUM	WENN	DANN	OB	EIN	KEIN
DA	DER	DAS	DER	DEN	DIE	DIE

Panorama VI (Seite 104 und 105)

FAHRRAD	UNFALL	PAUSE	NATUR	TOUR
WETTKAMPF	BERG	NOTRUF	WEG	ZEIT
MITGLIED	SPORT	FAMILIE	VEREIN	MENSCH
LANGSAM	KAPUTT	MÜDE	MANN	CLUB
ZUSAMMEN	FRAU	KINDER	GRUPPE	FREUND
GEFÄHRLICH	STÜRZ	LESEN	REPARIER	MACH
PASSIERT	HELFEN	LERN	TREFFEN	FALLEN
FAHREN	SUCH	LIEB	ANDER-	GANZ
MÖCHTE	SOLLTE	SCHNELL	GERN	ALLEIN
VERLETZ	KENN	KÜHL	SOFORT	MEHR

KANN	BIN	BIST	SIND	IST	ER	WIR
MUSS	HAB	HAST	HAT	SIE	DU	ES
-T	-N	-EM	-ST	-E	ALLE	ICH
-IN	-S	-EN	-ER	WAS	WO	WIE
VIEL	UND	JEMAND	ODER	ABER	MIT	ALS
NICHT	NUR	DESHALB	AUCH	WEIL	AM	SICH
FÜR	AN	DANN	IM	IN	BEI	VON
ZU	ZUM	WENN	MEIN	DEIN	EIN	KEIN
DEM	DER	DAS	DER	DEN	DIE	DIE
MAN	AUF	UNTER	UNSER	ÜBER	DA	DORT
MICH	DICH	OHNE	HIER	BEIM	SEHR	OFT

Panorama VII (Seite 120 und 121)

FISCH	MARKT	MANN	FRAU	SONNTAG
HAFEN	REZEPT	MORGEN	STAND	WASSER
VERKÄUFER	SALAT	ZWIEBEL	GURKE	MENSCH
BRÖTCHEN	ZUTAT	SOSSE	OFEN	FORM
BEILAGE	PFEFFER	TOMATE	UHR	FILET
NACHTISCH	KOSTET	KAUF	LEGEN	KOCH
BACKEN	ESSEN	GEH	MACH	VIEL
MÖCHTE	FINDE	FRISCH	SCHARF	LECKER
BRAUCH	NEHME	FRÜH	GERN	LAUT
VEGETARISCH	VEGAN	BITTER	SÜSS	TEUER
PREISWERT	NAH	BESTE	SALZIG	LIEB

SIND	BIN	BIST	IST	ICH	ER	WIR
MUSS	HAB	HAST	HAT	SIE	DU	WAS
WILL	BEIM	WELCH-	DIES-	-E	-EM	-EN
WIE	UND	OHNE	-S	-T	-N	-ER
ALS	MIT	JEMAND	ODER	ABER	-ST	-IN
NICHT	NUR	DESHALB	AUCH	WEIL	AM	SICH
FÜR	AN	ETWAS	IM	IN	BEI	VON
ZU	ZUM	NICHTS	WIE	SEIN	EIN	KEIN
DEM	DER	DORT	DER	DEN	DIE	WO
MAN	AUF	ÜBER	UM	AUS	DA	DAS

Panorama VIII (Seite 136 und 137)

SCHNEEMANN	PFERD	MENSCH	KUTSCHE	UNIFORM
KOSTÜM	FAHNE	FEUER	UMZUG	FEST
FRÜHLING	WINTER	SYMBOL	GLOCKE	KIRCHE
TRADITION	PLATZ	JAHR	WETTER	SOMMER
TROMMEL	MUSIK	STRASSE	TRACHT	GRUPPE
VERBRENN	UHR	RAUCH	FARBE	TRAGEN
VERABSCHIED	HUT	MÖCHTE	TREFFEN	MÜSSEN
MITLAUFEN	REIT	GEH	FINDE	LAUT
SCHNELL	MACH	WARTE	FREU	STEH
GROSS	GUT	SCHÖN	VIEL	GANZ
NÄCHST-	LETZT-	JED-	BESTE	BUNT

SIND	BIN	BIST	IST	WIRD	ICH	WIR
HAT	HAB	HAST	SEHR	SIE	WO	WAS
WILL	BEIM	WORÜBER	WORAUF	-E	-EM	-EN
WIE	UND	OHNE	DURCH	-T	-N	-ER
ALS	MIT	JEMAND	ABER	-S	-ST	-IN
NICHT	NUR	DESHALB	AUCH	WEIL	AM	SICH
FÜR	AN	WENN	IM	IN	BEI	VON
ZU	ZUM	DANN	WIE	SEIN	EIN	KEIN
DEM	DER	DENEN	DAS	DEN	DIE	DORT
MAN	AUF	ÜBER	UM	AUS	DA	DABEI

Panorama VIII (Seite 136 und 137)

Wortliste

Die alphabetische Wortliste enthält den Wortschatz der Einheiten. Zahlen, grammatische Begriffe sowie Namen von Personen, Städten und Ländern sind in der Liste nicht enthalten.
Für das *Goethe-Zertifikat A2* relevante Wörter sind fett markiert.

Die Zahlen geben an, wo die Wörter zum ersten Mal vorkommen – zum Beispiel 1, 1a bedeutet Einheit 1, Übung 1a.
Ein . oder ein _ unter dem Wort zeigt den Wortakzent: a = kurzer Vokal, a = langer Vokal.
Ein | markiert ein trennbares Verb: ab|fliegen.
Bei den Verben ist immer der Infinitiv aufgenommen. Eine Liste der unregelmäßigen Verben finden Sie im Übungsbuch.
Bei den Nomen finden Sie immer den Artikel und die Pluralform: der Abflug, -ü-e.
Sg. = dieses Wort gibt es (meistens) nur im Singular.
Pl. = dieses Wort gibt es (meistens) nur im Plural.

A

	ab	5, 1a
das	Abenteuer, -	11, 2b
	ab|fliegen	1, 1a
der	Abflug, -ü-e	1, 1a
	ab|geben	4, 6c
	ab|sagen	9, 7c
	ab|schicken	6, 6c
	ab|schließen	8, 6a
der	Abschluss, -ü-e	8, 6a
der	Absender, -	6, 6c
	ab|stürzen	9, 1b
	abwechslungsreich	9, 8b
	Achtung!	7, 9a
der	Akku, -s	10, 1a
der	Akrobat, -en	16, 1b
die	Akrobatik (Sg.)	16, 1b
die	Akrobatin, -nen	16, 1b
	aktuell	9, 1b
	akzeptieren	2, 1a
der	Alltag (Sg.)	5, 1a
das	Alpenpanorama, -panoramen	5, 7a
	als	11, 3a
die	Altbauwohnung, -en	7, 2a
das	**Alter** (Sg.)	11, 7b
	altmodisch	6, 1a
die	Altstadt, -ä-e	13, 3a
	an ... vorbei	1, 4d
der	Anfang, -ä-e	1, 1b
der	Anfänger, -	2, 8b
die	Anfängerin, -nen	2, 8b
	an|fassen	10, 6a
	angemeldet sein	4, 8c
	ängstlich	11, 2b
	an|halten	3, 7

der	Anhang, -ä-e	9, 5
der	Animationsfilm, -e	4, 1
die	Animationsserie, -n	4, 1
	an|kommen	1, 1a
	an|machen	Panorama 8, 1d
	an|sehen (sich)	5, 2a
	ansprechbar	12, 2b
	anstrengend	3, 2c
die	**Anzeige**, -n	7, 3c
	an|ziehen (sich)	5, 2a
die	**Apotheke**, -n	5, 1a
die	**App**, -s	5, 1a
der	**Apparat**, -e	Dt. akt. 5/6, 6a
der	Applaus (Sg.)	11, 1b
der	App-Store, -s	5, 1a
die	Aprikose, -n	13, 6a
die	Architektur, -en	1, 7a
der	Ärger (Sg.)	11, 3a
	ärgern (sich)	5, 5a
	aromatisch	13, 3a
der	**Artikel**, -	6, 5c
	auf jeden Fall	12, 4a
	auf|hängen	5, 4a
	auf|legen	12, 2b
	auf|machen	2, 1a
der	Auftrag, -ä-e	6, 5c
	auf|treten	4, 5a
der	**Aufzug**, -ü-e	9, 1b
	aus (+Material)	6, 5a
die	**Ausbildung**, -en	8, 4b
	aus|drucken	9, 5
	außerdem	9, 1b
	außerhalb	7, 2a
	aus|fallen	15, 6a
	aus|füllen	6, 6b
	aus|geben	14, 2a

	aus|probieren	3, 1b
	aus|stellen	Panorama 5, 1a
	aus|wählen	5, 1a
	aus|wandern	2, 1a
	auswendig	3, 8a
	aus|ziehen (sich)	5, 2a
	authentisch	13, 1a
die	**Autobahn**, -en	12, 2b
der	**Autor**, -en	8, 4b
die	**Autorin**, -nen	8, 4b
der	Autosalon, -s	Dt. in Bildern, 1a

B

	backen	Panorama 7, 3b
die	**Band**, -s	8, 4b
die	**Bank**, -en	Dt. in Bildern, 1a
das	Bankenviertel, -	7, 1
die	Bar, -s	1, 7a
der	Bär, -en	11, 7b
die	Bärin, -nen	11, 7b
	basteln	15, 1a
	bauen	Dt. akt. 3/4, 5
der	Baumarkt, -ä-e	14, 2a
	beantworten	9, 1b
das	Becherstapeln (Sg.)	3, 5b
	beeilen sich	5, 5a
	beenden	9, 5
	begleiten	4, 5a
	behalten	6, 3a
die	Behörde, -n	15, 6b
	beide	6, 6b
die	Beilage, -n	13, 3d
	benutzen	6, 7b
	beobachten	14, 1a
	beraten	Panorama 5, 1a

der Infostand, -ä-e	16, 1b	
der Inhalt, -e	3, 8a	
inklusive	10, 2e	
intelligent	3, 1b	
der Intensivkurs, -e	2, 3c	
interessieren sich	7, 3c	
international	4, 6c	
der Internetnutzer, -	4, 8b	
die Internetnutzerin, -nen	4, 8b	
der IT-Experte, -n	9, 1b	
die IT-Expertin, -nen	9, 1b	

J

das Jackett, -s	14, 4a
das Jahrhundert, -e	2, 1a
die Jeans (Pl.)	Dt. akt. 3/4, 3a
jemand	9, 1b
jetzig-	7, 3c
jonglieren	12, 6b
die Jugendherberge, -n	5, 7a

K

der Käfig, -e	11, 7b
der Kaiser, -	1, 7a
die Kaiserin, -nen	1, 7a
der Kamillentee, -s	12, 4d
kämmen (sich)	5, 2a
kämpfen	3, 8a
der Kandidat, -en	4, 5a
die Kantine, -n	13, 1a
kaputt|gehen	6, 7c
kaputt|machen	15, 6a
die Karriere, -n	4, 5a
das Kartoffelpüree, -s	13, 5b
das Käsefondue (Sg.)	
	Dt. in Bildern, 1a
die Kasse, -n	14, 1a
die Katzenbox, -en	7, 5a
der Käufer, -	14, 1a
die Käuferin, -nen	14, 1a
das Kaufhaus, -äu-er	1, 5b
kaum	12, 2b
der Kegelverein, -e	Panorama 6, 2
der Keller, -	7, 6a
die Keramik (Sg.)	6, 5a
der Kindergarten, -ä-	5, 5a
der Kinderwagen, -	7, 9a
die Kindheit (Sg.)	8, 1b

die Kirsche, -n	13, 4b
die Kiste, -n	7, 5a
die Klasse, -n	8, 1b
die Klassenfahrt, -en	8, 4b
klatschen	16, 1b
klettern	3, 2b
klicken	6, 6b
klug	11, 2b
die Kneipe, -n	Dt. akt. 13/14, 3
der Knoblauch (Sg.)	13, 4b
der Knödel, -	13, 6a
der Kochverein, -e	Panorama 6, 2
der Komiker, -	4, 5a
die Komikerin, -nen	4, 5a
der Kommissar, -e	8, 4b
die Kommissarin, -nen	8, 4b
kommunizieren	2, 1a
komplett	9, 1b
der Komponist, -en	8, 4b
die Komponistin, -nen	8, 4b
könnte-	2, 3d
der Kontakt, -e	2, 6c
koordinieren	5, 1b
die Kosmetik (Sg.)	14, 4a
das Krankenhaus, -äu-er	12, 1a
die Krankenkasse, -n	12, 3a
der Krankenpfleger, -	12, 6b
die Krankenpflegerin, -nen	12, 6b
der Krankenwagen, -	12, 1a
die Krankheit, -en	12, 3a
das Kräuter-Dampfbad, -bäder	5, 7a
die Krawatte, -n	14, 4a
kreativ	6, 7b
die Kuckucksuhr, -en	14, 6a
kühlen	12, 1a
die Kultur, -en	1, 7a
der Künstler, -	12, 6b
die Künstlerin, -nen	12, 6b
die Kutsche, -n	Panorama 8, 1a

L

das Lächeln (Sg.)	12, 6b
das Lammkotelett, -s	13, 4b
der Lampenschirm, -e	6, 5a
langweilen (sich)	15, 5e
läuten	Panorama 8, 1d
die LED-Leuchte, -n	6, 5a
leer	16, 2b

legen	Panorama 7, 3c
die Leidenschaft, -en	8, 4b
leid|tun	11, 7b
leihen	8, 1b
das Lernen (Sg.)	3, 5b
die Lesegruppe, -n	Panorama 6, 2
der Leser, -	8, 1b
die Leserin, -nen	8, 1b
letzt-	4, 5a
leuchten	12, 6b
lieb	11, 7b
der Liebesfilm, -e	4, 2b
liebevoll	14, 6a
das Lieblingsorchester, -	16, 5
das Lied, -er	4, 5a
lieferbar	6, 5a
der Lieferschein, -e	6, 5c
der Liefertermin, -e	6, 5c
die Limousine, -n	15, 6a
die Liste, -n	3, 8a
live	4, 6c
das Livestreaming (Sg.)	4, 8b
der Löffel, -	13, 4a
los sein	7, 2a
löschen	9, 5
die Lösung, -en	10, 6a
der Luftballon, -s	15, 6a
die Luftgitarre, -n	3, 1a

M

das Magazin, -e	11, 2a
magisch	8, 7b
das Mal, -e	3, 5b
malen	3, 7
das Märchen, -n	3, 1a
die Marille, -n (A)	13, 6a
das Material, -ien	6, 5a
die Mathematik (Mathe) (Sg.)	3, 5b
die Mediathek, -en	4, 8b
mediterran	6, 5a
das Meerschweinchen, -	7, 9a
der Megapixel, -	10, 1c
mehrer-	1, 7a
die Meinung, -en	10, 6d
meist	4, 5a
die Meisterschaft, -en	3, 5b
die Menge, -n	6, 5c
merken	3, 5b
die Messe, -n	Dt. in Bildern, 1a

das Messer, - 13, 4a
das Metall (Sg.) 6, 5a
die Miete, -n 7, 2a
der Mieter, - 7, 3a
die Mieterin, -nen 7, 3a
das Mietshaus, -äu-er Panorama 2, 1
die Migration (Sg.) 2, 1a
mild 13, 3a
die Minibar, -s 6, 7b
Mit freundlichen Grüßen ... 9, 7a
der Mitarbeiter, - 5, 7a
die Mitarbeiterin, -nen 5, 7a
der Mitbewohner, - 7, 9a
die Mitbewohnerin, -nen 7, 9a
die Möbel (Pl.) 6, 1c
das Modell, -e Panorama 5, 1d
der Moderator, -en 4, 5a
die Moderatorin, -nen 4, 5a
moderieren 4, 5a
möglich 8, 7b
die Möglichkeit, -en 15, 6a
Moin! Dt. in Bildern, 2b
die Monarchie, -n 13, 6a
monatlich 7, 3c
das Motto, -s 13, 1a
die Münze, -n Panorama 3, 1a
die Musikanlage, -n 15, 4a
der Muslim, -e 8, 4b
die Muslimin, -nen 8, 4b
mutig 11, 2b
der Muttersprachler, - 2, 6a
die Muttersprachlerin, -nen 2, 6a

N

die **Nachricht**, -en 4, 1
nächst- 3, 5b
der Nachtisch (Sg.) 13, 3a
die **Nähe** (Sg.) 5, 1a
die Nation, -en 16, 1b
die **Natur** (Sg.) 1, 7a
navigieren 10, 3d
die Nebenkosten (NK) (Pl.) 7, 3a
nennen 14, 6a
nervös 3, 3a
das Neue (etwas Neues) 6, 7b
nie 5, 2a
nördlich Panorama 1, 1b

normal 4, 8b
die Notaufnahme, -n 12, 1a
die **Note**, -n 8, 6a
der Notruf, -e 12, 2a
die Notrufzentrale, -n 12, 2b
die Nuss, -ü-e 13, 1a
nutzen 4, 8b
nutzlos 10, 6a

O

ob 10, 1d
das Obergeschoss (OG), -e 7, 3a
öde 15, 5a
der Ofen, Ö- Panorama 7, 3c
öffentlich 5, 1a
offiziell 11, 7b
die Öffnungszeit, -en 1, 7a
die Olive, -n 13, 4b
olympisch 8, 4b
der **Onkel**, - 3, 1b
online 4, 8b
der Online-Shop, -s 6, 7b
die Online-Videothek, -en 4, 8b
das OpenAir, -s 16, 3a
die **Operation**, -en 12, 3a
der Optiker, - 14, 4a
der Ordner, - 9, 5
die Organisation, -en 5, 1a
der **Osten** (Sg.) Panorama 1, 1b
österreichisch 8, 7b
östlich Panorama 1, 1b

P

das **Paar**, -e 4, 6c
das **Paket**, -e 6, 6c
die Palatschinke, -n (A) 13, 6a
die Panne, -n 15, 6a
der Papagei, -en 3, 1b
das **Papier**, -e 8, 1b
das **Parfüm**, -s 14, 4a
der **Park**, -s 1, 5b
das Parkhaus, -äu-er 14, 1a
der Parkplatz, -ä-e 1, 5b
das Parlament, -e Panorama 3, 1a
der Patient, -en 12, 1a
die Patientin, -nen 12, 1a
peinlich 9, 1b
perfekt 13, 3a

persönlich 14, 1a
das Pfahlhaus, -äu-er Panorama 1, 1a
der Pfannkuchen, - 13, 6a
der **Pfeffer** (Sg.) 13, 4a
pfeifen 3, 7
das **Pferd**, -e Panorama 8, 1a
der Pfiff, -e 3, 5b
pflanzen Panorama 2, 2b
das Picknick, -e 15, 3b
planen 5, 1a
das Plastik (Sg.) 6, 7b
plötzlich 4, 5a
der Poet, -en 3, 8a
der Poetry-Slam, -s 3, 8a
die Politik (Sg.) 2, 8a
der Politiker, - Panorama 3, 1a
die Politikerin, -nen Panorama 3, 1a
das Postfach, -ä-er 9, 5
die **Postkarte**, -n 1, 1a
der **Preis**, -e 4, 5a
preiswert 14, 5d
die Prepaid-Karte, -n 10, 1a
privat 9, 7d
die Produktion, -en Dt. in Bildern, 1a
der **Profi**, -s 15, 6a
das Protokoll, -e 9, 5
das Publikum (Sg.) 3, 8a
pünktlich 5, 4c
pur 6, 5a
putzen 12, 1b

Q

der Quadratmeter (qm), - 5, 7a
der Quatsch (Sg.): So ein Quatsch! 3, 1b
das **Quiz**, - 4, 2a

R

rasieren (sich) 5, 2a
rational 14, 2a
der Rauch (Sg.) 11, 3a
der Raum, -äu-e 5, 7a
raus|gehen 9, 3b
reagieren 9, 1d
die Reaktion, -en 3, 5b

die	Realschule, -n	8, 4b
die	**Rechnung**, -en	2, 3b
	reden	Panorama 6, 2
	regional	13, 6a
der	**Reisepass (Pass)**, -ä-e	1, 1b
der	**Rest**, -e	15, 5a
	den Rest geben	15, 5a
	reiten	Panorama 8, 1a
der	Reiter, -	Panorama 8, 1a
die	Reiterin, -nen	Panorama 8, 1a
der	Reklamationsschein, -e	6, 6b
	reklamieren	6, 6b
das	**Rezept**, -e	12, 3b
der	Rhythmus, Rhythmen	2, 8b
	riechen	10, 6a
der	Rotwein, -e	13, 4b
der	**Rucksack**, -ä-e	1, 1b
die	**Ruhe** (Sg.)	5, 7a
der	Ruheraum, -äu-e	5, 7a
	rund	15, 1a

S

der	Sachbearbeiter, -	8, 4b
die	Sachbearbeiterin, -nen	8, 4b
	salzig	13, 2b
der	Sandkasten, -ä-	11, 5a
der	**Sänger**, -	4, 5a
die	**Sängerin**, -nen	4, 5a
die	Satellitenschüssel, -n	
		Panorama 2, 2b
	sauer	5, 4c
die	Schallplatte, -n	8, 4b
	scharf	13, 1a
das	Schauspielen (Sg.)	2, 8b
die	**Schere**, -n	14, 4a
	schick	Dt. akt. 13/14, 2
	schief|gehen	15, 6a
	schlagen	3, 8a
	schlecht: Mir wird/	
	ist schlecht.	12, 3c
	schließen	7, 9b
das	**Schloss**, -ö-er	Panorama 1, 1a
die	Schmerztablette, -n	12, 3b
	schminken (sich)	5, 2a
der	Schneemann, -ä-er	
		Panorama 8, 1a
	schneiden	3, 1a
das	Schnitzel, -	13, 5b
der	Schnupfen (Sg.)	12, 3c

	schon	6, 1c
der	Schrebergarten, -ä-	
		Panorama 2, 1
	schrecklich	15, 5a
die	Schreibtafel, -n	8, 1b
	schreien	11, 7b
der	Schritt, -e	2, 8b
die	Schuld (Sg.)	5, 5a
der	**Schüler**, -	8, 1a
die	**Schülerin**, -nen	8, 1a
die	Schulzeit (Sg.)	8, 1b
	schwach	11, 2b
	schwanger	15, 1a
das	**Schwimmbad**, -ä-er	8, 4b
die	Seebühne, -n	Panorama 1, 1a
	Sehr geehrte Damen und	
	Herren, ...	9, 7c
	Sehr geehrte/r ...	9, 7a
die	**Seife**, -n	14, 4a
die	Sekunde, -n	3, 5b
der	Selbsttest, -s	9, 1b
die	Semesterferien (Pl.)	1, 1b
	senden	9, 5
der	Sender, -	4, 8b
die	**Sendung**, -en	4, 2a
die	Serie, -n	4, 2b
die	Serviette, -n	13, 4a
der	Sessel, -	7, 5b
der	Shopper, -	14, 1a
die	Shopperin, -nen	14, 1a
die	Show, -s	3, 8a
die	Sicherheit, -en	9, 8a
der	Sieger, -	3, 8a
die	Siegerin, -nen	3, 8a
	silber	10, 1c
der	**Sinn** (Sg.)	15, 5a
	sinnlos	14, 2a
	sinnvoll	9, 8b
die	**Situation**, -en	9, 1b
	sitzen	1, 7a
der	Sitzplatz, -ä-e	1, 1b
	skypen	2, 1a
der	Slam, -s	3, 8a
das	Smartphone, -s	10, 1a
die	**SMS**, -	10, 1c
	sofort	1, 2c
	sogar	10, 6a
	Sorgen machen sich	12, 1b
das	Souvenir, -s	14, 5c

die	Spam-E-Mail, -s	
		Dt. akt. 9/10, 2a
	spannend	3, 2c
	sparen	5, 1a
der	**Spaß** (Sg.)	3, 5b
	Spaß haben	11, 1a
	speichern	9, 5
der	Speicherplatz (Sg.)	10, 1a
die	**Speisekarte**, -n	14, 6a
	speziell	12, 6b
der	Spiegel, -	5, 2a
der	Spieler, -	3, 3b
die	Spielerin, -nen	3, 3b
das	Spielzeug (Sg.)	7, 5a
der	Spielzeugladen, -ä-	14, 4a
	sportlich	4, 4c
der	Sprachclub, -s	Panorama 6, 2
die	Sprachlernbiografie, -n	2, 6a
	springen	3, 1a
	stabil	6, 7b
das	Stadion, Stadien	
		Dt. in Bildern, 1a
der	**Stadtplan**, -ä-e	10, 3c
das	Standesamt, -ä-er	15, 6a
	stapeln	3, 5b
der	**Star**, -s	8, 7a
das	Steak, -s	13, 4b
der	Stein, -e	8, 7b
die	**Stelle**, -n	2, 1a
	stellen	7, 9a
	sterben	8, 8
die	Stilberatung, -en	2, 8b
die	Stimme, -n	4, 5a
der	Stoff, -e	6, 5a
die	Stoppuhr, -en	3, 5b
	stören	7, 2a
	stoßen (sich)	12, 1a
der	Strandkorb, -ö-e	
		Dt. in Bildern, 1a
	streiten sich	5, 4a
	streng	8, 1b
der	**Stress** (Sg.)	5, 4c
	stressig	1, 1b
der	Strom (Sg.)	7, 3a
die	Studie, -n	9, 8b
das	**Studium**, Studien	8, 4b
	stürzen	12, 2a
der	**Süden** (Sg.)	Panorama 1, 1b
	südlich	Panorama 1, 1b

der	**Supermarkt**, -ä-e	5, 1a
die	**Suppe**, -n	13, 1a
	surfen	2, 1a
die	Surfschule, -n	2, 1a
der	Sushi-Kurs, -e	3, 1b
das	Symbol, -e	Panorama 8, 1d

T

das	Tandem (Sg.)	2, 6a
die	**Tante**, -n	3, 1a
der	Tanz, -ä-e	2, 8b
der	Tarif, -e	10, 1a
die	Tastatur, -en	10, 2e
die	Taste, -n	2, 3b
das	**Team**, -s	9, 1b
	technisch	9, 7a
der	**Teil**, -e	4, 6c
	teilen	11, 7c
	teil|nehmen	8, 4b
der	Teppich, -e	6, 1c
das	**Thema**, Themen	11, 7a
	tief	Dt. akt. 3/4, 5
	tierisch	11, 7b
die	Tischleuchte, -n	6, 5a
das	**Tischtennis** (Sg.)	3, 1a
das	**Tor**, -e	1, 4d
die	Tracht, -en	Panorama 8, 1d
	träumen	15, 5c
	treffen (sich)	5, 5a
die	**Treppe**, -n	9, 1b
	trocken	13, 4d
der	Trolley, -s	6, 7a
die	Trommel, -n	Panorama 8, 1a
das	Turmspringen (Sg.)	3, 1a

U

	üben	3, 5b
	übernehmen	15, 6a
die	Überraschung, -en	15, 1a
	übersetzen	11, 2b
der	Übersetzer, -	2, 1a
die	Übersetzerin, -nen	2, 1a
die	**Übersetzung**, -en	2, 3a
das	Uhrwerk, -e	Dt. in Bildern, 1a
	umsonst	10, 4b
	umweltbewusst	6, 7b
	umweltfreundlich	10, 6a
die	Umwelttechnik, -en	2, 1a

der	Umwelttechniker, -	2, 1a
die	Umwelttechnikerin, -nen	2, 1a
	unbedingt	1, 8
	unfreundlich	9, 1b
	ungewöhnlich	11, 7b
	unglaublich	8, 3b
das	Unglück (Sg.)	11, 1b
die	Uniform, -en	Panorama 8, 1a
	unsicher	10, 6d
der	Unsinn (Sg.)	11, 2b
	unterhalten (sich)	8, 1b
	unternehmen	Panorama 6, 1a
	unterwegs sein	5, 1a
das	Upcycling (Sg.)	6, 7b
	ursprünglich	13, 6a

V

	vegan	13, 1a
	vegetarisch	13, 1a
	verabschieden	Panorama 8, 1c
	verantwortlich	15, 6a
	verbinden	2, 3b
	verbrauchen	10, 6a
	verbrennen	Panorama 8, 1a
der	**Verein**, -e	12, 6b
das	Verhalten (Sg.)	14, 2a
	verhalten sich	9, 1b
	verkehrsgünstig	7, 2a
	verlassen	2, 1a
	verletzen (sich)	12, 1a
der	Verletzte, -n	12, 2b
die	Verletzte, -n	12, 2b
die	Verletzung, -en	12, 1a
	verlieben sich	11, 3a
	verliebt (sein)	11, 2b
	verlieren	1, 1b
die	Verlustanzeige, -n	1, 4d
der	**Vermieter**, -	7, 3a
die	**Vermieterin**, -nen	7, 3a
	versammeln (sich)	14, 6a
	verschenken	7, 9a
	verschieben	9, 7c
	verschieden-	2, 3d
	verschlafen	5, 2a
das	Verständnis (Sg.)	7, 9a
der	**Vertrag**, -ä-e	10, 1a
	verwenden	13, 1a
die	Videofunktion, -en	10, 2b
	vierköpfig	4, 6c

	virtuell	8, 7c
die	Visitenkarte, -n	Panorama 5, 1a
die	Vogelstimme, -n	10, 3d
die	Volkshochschule (VHS), -n	
		2, 8a
	vor allem	3, 5b
	vorbei|kommen	7, 9a
	vorher	4, 5a
	vor|lesen	3, 1a
der	**Vorschlag**, -ä-e	15, 6a
	vor|schlagen	9, 7a
	vorsichtig	9, 1b
die	Vorspeise, -n	13, 4b
	vor|sprechen	3, 8a
	vor|stellen	5, 1a
die	Vorstellung, -en	16, 1b

W

	wachsen	16, 6a
	wählen	2, 3b
	wahr	8, 3b
der	Wanderverein, -e	Panorama 6, 2
das	Warenhaus, -äu-er	
		Panorama 3, 1a
	was für ein	4, 2a
die	**Wäsche** (Sg.)	5, 4a
	waschen (sich)	5, 2a
der	Wasserfall, -ä-e	Panorama 1, 1a
	wechseln	8, 4b
	weg sein	1, 4d
	weg|fliegen	7, 9b
	weg|laufen	7, 9a
	weg|werfen	6, 1c
	weich	6, 5a
	weil	2, 1a
	weinen	11, 2b
die	Weinhandlung, -en	14, 4a
das	Weinlokal, -e	14, 6a
	weiter|leiten	9, 5
die	Wellness (Sg.)	5, 5a
der	Wellness-Bereich, -e	5, 7a
	wenn	9, 2a
	werden	2, 8b
der	Westen (Sg.)	Panorama 1, 1b
	westlich	Panorama 1, 1b
der	**Wettbewerb**, -e	3, 1b
der	Wettkampf, -ä-e	
		Panorama 6, 1a
der	Whirlpool, -s	5, 7a

	widersprechen	10, 6d
	wieder|kommen	5, 7b
das	Wildschwein, -e	11, 2b
	wissen	8, 1b
	witzig	4, 5a
	wohl|fühlen sich	
		Dt. akt. 5/6, 2
das	Wohnhaus, -äu-er	1, 1b
das	Wort, -ö-er	3, 8a
	Wow!	5, 7b
das	Wunder, -	10, 6a
	wundern sich	9, 3b
der	**Wunsch**, -ü-e	2, 1a
das	**Würstchen**, -	7, 9a

Z

	z. B. (zum Beispiel)	1, 7a
der	**Zaubertrick**, -s	12, 6b
	zeichnen	10, 4b
die	**Zeitschrift**, -en	11, 2a
das	**Zeugnis**, -se	8, 4b
	zielorientiert	14, 2a
die	Zigarette, -n	11, 3a
die	Zirkusartistik (Sg.)	16, 1b
das	Zitat, -e	11, 1c
der	Zoll (Sg.)	10, 1c
der	**Zoo**, -s	7, 1
der	Zufall, -ä-e	8, 4b
das	Zuhause (Sg.)	11, 7b
	zu|hören	Panorama 5, 1a

	zum ... bringen	11, 7b
	zurück|bekommen	
		Panorama 3, 2b
	zurück|gehen	1, 4d
	zurück|kommen	15, 2b
	zurück|liegen	4, 5a
	zurück|schicken	6, 6b
	zusammen|halten	11, 2b
	zusammen|leben	11, 7b
der	Zuschauer, -	16, 1a
die	Zuschauerin, -nen	16, 1a
	zu|stimmen	10, 6d
die	Zutat, -en	13, 1a
	zuverlässig	10, 6a
der	Zwilling, -e	Dt. akt. 11/12, 3

Quellen

Bildquellen

Cover: *U1 + U4* Gabriele Croppi/SIME/Schapowalow; U2 Cornelsen Schulverlage/Dr. Volker Binder; *U4* Fotolia/Heino Patschull – **S.**74 *Mitte* Fotolia/ Rainer Puster; Fotolia/ Katarzyna Bialasiewicz; Fotolia/flairimages – **S.**76 *oben* Cornelsen Schulverlage/Björn Schumann – **S.**77 Shutterstock/wavebreakmedia *rechter Seitenrand* Shutterstock/© 2000–2000 Adobe Systems, Inc. All Rights Reserved. – **S.**80 *unten* Fotolia/Adam Gregor – **S.**81 *rechter Seitenrand* Shutterstock/Piotr Adamowic; Fotolia/Tsiumpa; Fotolia/Oleksiy Mark; Fotolia/Dan Race; Fotolia/Pixel; Fotolia/babimu; Alexander Limbach; **S.**82 *oben und Mitte* Cornelsen Schulverlage / Björn Schumann; *unten* Fotolia/Ivonne Wierink; Shutterstock /Andrei Par – **S.**83 Cornelsen Schulverlage/Klein & Halm GbR – **S.**84 *oben* Fotolia/thenikonpro – **S.**86 *oben links* Fotolia/PhotoSG; *oben rechts* Fotolia/sdecoret; *Mitte* Shutterstock/© 2000–2000 Adobe Systems, Inc. All Rights Reserved. – **S.**88 *oben* Shutterstock/ Pieter Beens; *oben links* Shutterstock/Zurijeta; *Mitte links* Shutterstock/rkl_foto – **S.**89 *oben* Shutterstock/Pieter Beens; *oben rechts* Shutterstock/Sorbis; *Mitte rechts* Shutterstock/View Apart; *unten rechts* © Verband der Automobilindustrie e. V. (VDA)/Lars Kaletta Joachim Sielski; *unten Mitte* Clip Dealer /Martina Berg; Shutterstock/Ugis Riba; *unten rechts* Shutterstock/ Barone Firenze – **S.**90 *oben* Shutterstock / Dasha Petrenko; **S.**91 *rechter Seitenrand* Fotolia/BillionPhotos.com; Fotolia/ Sylvie Bouchard; Fotolia/Daniel Jedzura kontakt@mdfotografia.pl; Fotolia/PAVEL KRIUCHKOV; Fotolia/freefly; Fotolia/ lev dolgachov; Fotolia/pressmaster; Fotolia/Voyagerix; Fotolia/BillionPhotos.com; Fotolia/Halfpoint; Shutterstock/Andresr; Fotolia/contrastwerkstatt; *Mitte* ASTERIX® – OBELIX® / © 2015 LES EDITIONS ALBERT RENE / GOSCINNY – UDERZ; action press/ Studio 100 media GmbH; F1online – **S.**92 *oben links* Cornelsen Schulverlage / Björn Schuman; *unten rechts* Fotolia/karepa – **S.**94 *Mitte* action press/ – **S.**96 *oben* Cornelsen Schulverlage / Björn Schumann; Fotolia/ Alexander & Theresia Schulz; *unten* Fotolia/animaflora; Fotolia/Thaut Images; Shutterstock/Mike Focus; Shutterstock/ Marcos Mesa Sam Wordley; Shutterstock/Halfpoint – **S.**97 *rechter Seitenrand* Fotolia/Oliver Boehmer – bluedesign®; Fotolia/k_rhan; Fotolia/Photographee.eu; Fotolia/ Peter Atkins; Colourbox; Cornelsen Schulverlage / Björn Schuman; Fotolia/Lobanov Dmitry Photography 2013 © All Rights Reserved; *unten rechts* Fotolia/Lobanov Dmitry Photography 2013 © All Rights Reserved – **S.**98 *oben rechts* Fotolia/Jürgen Fälchle; Shutterstock/ Digital Storm – **S.**100 *oben* ROTE NASEN Clowndoctors/Sebastian Philipp – **S.**103 *Mitte* Shutterstock/ Andrey_Popo; Shutterstock/ Halfpoint; Fotolia/ fiona_toke; Shutterstock/ Piotr Marcinski; Fotolia/ Max Tactic; @ 2015 Petar Neychev http://petarneychev.com – **S.**104 *linker Seitenrand* Fotolia/DOC RABE Media; Fotolia/Henry Czauderna; Fotolia/Olaf Wandruschka; *oben* Shutterstock/ELEPHOTOS – **S.**105 *oben* Shutterstock/ELEPHOTOS; *rechter Seitenrand* Fotolia/www.danielberkmann.com; Fotolia/Photo_Ma; Shutterstock/Stefan Schurr – **S.**106 *Mitte links* Fotolia/HLPhoto; *Mitte* Shutterstock/Rikard Stadler; Fotolia/karepa; *Mitte rechts* Fotolia/Jacek Chabraszewski – **S.**107 *rechter Seitenrand* Fotolia/BillionPhotos.com; Fotolia/Egor Rodynchenko; Fotolia/Natalja Stotika; Fotolia/gavran333; Fotolia/alexlukin; *oben* Fotolia/Andrew Bayda – **S.**108 Cornelsen Schulverlage/ Björn Schumann – **S.**109 *rechter Seitenrand* Fotolia/Artenauta; Fotolia/Sergii Moscaliuk; Fotolia/Roman Samokhin; Fotolia/ Erich Muecke; Fotolia/diamant24; *Mitte* Fotolia/Jacek Chabraszewski; Fotolia/Andrey Starostin; Fotolia/Christian Fischer; Fotolia/ExQuisine; Fotolia/stocksolutions; Fotolia/Joshua Resnick; Fotolia/Jacek Chabraszewski; Fotolia/BillionPhotos. com; Fotolia/HLPhoto – **S.**110 *oben links* Fotolia/Günter Menzl; *Mitte rechts* Fotolia/kab-vision – **S.**112 *oben* Fotolia/ PHOTOMORPHIC PTE. LTD – **S.**113 Fotolia/WavebreakMediaMicro – **S.**114 *unten* Cornelsen Schulverlage/Björn Schumann – **S.**115 *rechter Seitenrand* Fotolia/Dreaming Andy; Fotolia/stockphoto-graf; Fotolia/Maksym Yemelyano; Fotolia/BillionPhotos.com; Fotolia/gena96; Fotolia/Baiba Opule; Fotolia/BillionPhotos.com; Fotolia/safgadfgah; Shutterstock/Mega Pixel; Fotolia/Gennadiy Guchek; Fotolia/Volodymyr Shevchuk – **S.**119 *oben* Shutterstock/wikanda; Shutterstock / Phichai; Shutterstock/posteriori; Shutterstock/Mega Pixel; Fotolia/Thep Urai; Fotolia/Will Thomas; Fotolia/ Nikolai Sorokin; Shutterstock/Taelove7; Fotolia/Ersin Ergin; Fotolia/Dreaming Andy – **S.**120 Shutterstock/canadastock – **S. 121** Shutterstock/canadastock; *oben rechts* Bildagentur Huber/Gräfenhain; *1* Bildagentur Huber/Gräfenhain; *2* Fotolia/ Erwin Wodicka; *3* www.colourbox.de ; *unten rechts Rahmen* Fotolia/nasir1164; Fotolia/Thomas Francois– **S.**122 *oben rechts* Fotolia/JorgeAlejandro; Fotolia/bilderstoeckchen; *Mitte links* Fotolia/PhotoSG – **S.**123 *oben rechts* Fotolia/somchaij; *Mitte rechts* Fotolia/Erdmännchen – **S.**124 *oben* Cornelsen Schulverlage/Björn Schumann; *Mitte* Fotolia/lunamarina – **S.**125 *rechter Seitenrand* Fotolia/mr. nico; Fotolia/svetlana67; Clip Dealer/Wavebreak Media LTD; Fotolia/Africa Studio; Fotolia/diego1012; Fotolia/Steve Cukrov; Fotolia/tania mattiello; Fotolia/yes – **S.**126 *oben rechts* Fotolia/Gerhard Großberger; Fotolia/Ivonne Wierink – **S.**128 *oben links* TOPICMedia/imagebroker.com; *oben Mitte* Fotolia/Otto Durst; Shutterstock/ Photobank gallery; *oben rechts* Fotolia/Sigtrix; *Mitte* Stadt Linz – **S.**129 *rechter Seitenrand* Fotolia/zinkevych; Fotolia/Helder Almeida; Fotolia/Ron Sumners; Fotolia/gstockstudio; Fotolia/Kaspars Grinvalds; Shutterstock/Volt Collection; Fotolia/ iordani; *Mitte* Cornelsen Schulverlage / Björn Schuman – **S.**130 *oben* imago/imago/STAR-MEDIA; *Mitte* F1online; *unten* Fotolia/Sigtrix – **S.**132 Fotolia/Oleksandr Delyk – **S.**135 *unten* Fotolia/www.ChristianSchwier.de – **S.**136 *oben* Glow Images/photoplus.ch; *Mitte* Shutterstock/dnaveh – **S.**137 *oben* Glow Images/photoplus.ch; *Mitte rechts* Shutterstock/ photogearch – **S.**138 Shutterstock/© 2000 – 2000 Adobe Systems, Inc. All Rights Reserved

PANORAMA
Deutsch als Fremdsprache

Kursbuch A2.2

Im Auftrag des Verlages erarbeitet von
Andrea Finster, Dagmar Giersberg, Friederike Jin, Steve Williams
sowie Ute Voß (Grammatik-Animationen)

In Zusammenarbeit mit der Redaktion: Andrea Mackensen
Redaktionelle Mitarbeit: Claudia Groß, Lorena Onken

Beratende Mitwirkung: Bernhard Falch (Innsbruck), Olga Kalmykova (Stockholm), Sibylle Köberlein Farah (Zürich), Nuray Köse (Izmir), Verena Paar-Grünbichler (Graz), Ana Garcia Santos (Barcelona), Ute Voß (Frankfurt am Main) u. a.

Umschlaggestaltung: Rosendahl Berlin, Agentur für Markendesign
Layout und technische Umsetzung: Klein & Halm Grafikdesign, Berlin
Illustrationen: Bianca Schaalburg (S. 78, 84, 103, 124, 132), Tanja Székessy (S. 99, 102, 112, 114, 118, 131, 135)

Symbole

 Hortext auf CD   Zielaufgabe

Videoclip auf DVD   zusätzliches Augmented-Reality-Material

Soweit in diesem Lehrwerk Personen fotografisch abgebildet sind und ihnen von der Redaktion fiktive Namen, Berufe, Dialoge und Ähnliches zugeordnet oder diese Personen in bestimmte Kontexte gesetzt werden, dienen diese Zuordnungen und Darstellungen ausschließlich der Veranschaulichung und dem besseren Verständnis des Inhalts.

www.cornelsen.de

Die Webseiten Dritter, deren Internetadressen in diesem Lehrwerk angegeben sind, wurden vor Drucklegung sorgfältig geprüft. Der Verlag übernimmt keine Gewähr für die Aktualität und den Inhalt dieser Seiten oder solcher, die mit ihnen verlinkt sind.

1. Auflage, 1. Druck 2016

Alle Drucke dieser Auflage sind inhaltlich unverändert und können im Unterricht nebeneinander verwendet werden.

© 2016 Cornelsen Schulverlage GmbH, Berlin

Druck: Firmengruppe APPL, aprinta Druck, Wemding

ISBN 978-3-06-120493-8